Les procédures de contrôle *a posteriori* en RD Congo

Mise en œuvre de contrôles douaniers et accisiens modernes et efficaces

Collection « Comptes rendus »
fondée et dirigée par Eddie Tambwe

Alain Tenday Lupumba

Les procédures de contrôle *a posteriori* en RD Congo

Mise en œuvre de contrôles douaniers et accisiens modernes et efficaces

Préface de Albert Yuma Mulimbi
Postface de Gabriel Mwepu Numbi

Comptes rendus

L'Harmattan

5-7, rue de l'École-Polytechnique – 75005 Paris

www.editions-harmattan.fr

ISBN : 978-2-343-17235-4
EAN : 9782343172354

Abréviations, acronymes et sigles

AAMA : Accords d'Assistance Mutuelle Administrative ;
AFE : Accord sur la Facilitation des Echanges ;
ASYPM : ASycuda Performance Measure ; PSMP : Programme Sydonia Mesures de Performance ;
ATA : contraction du français « Admission Temporaire » et de l'anglais « Temporary Admission » ;
B2A : Business To Administration : relation entre une entreprise et le secteur public ;
CEPTM : Cellule d'Exécution du Projet de Transport Multimodal ;
CKR : Convention de Kyoto Révisée ;
CNUCED : Conférence des Nations Unies pour le Commerce et le Développement ;
COMESA : Common Market for Eastern and Southern Africa / Marché Commun de l'Afrique Orientale et Australe ;
CVTFS : COMESA Virtual Trade Facilitation System; Système de Facilitation du Commerce du COMESA ;
DGDA : Direction Générale des Douanes et Accises ;
EAC : East African Community ;
FOB : Free On Board / franco A Bord (FAB);
GATT : General Agreement on Tariffs and Trade / Accord Général sur les Tarifs Douaniers et le Commerce ;
IAASB : International Auditing and Assurance Standards Board ;
IDE : Investissements Directs Etrangers ;
IFAC : International Federation of ACcountants ;
IFRS : International Financial Reporting Standards ;
INCOTERMS : INternational COmmercial TERMs / Terme du Commerce International ;
ISA : International Standards on Auditing ;
KPA : Kenya Ports Authority ;

OCC	: Office Congolais de Contrôle ;
OGEFREM	: Office de Gestion du FREt Multimodal ;
OHADA	: Organisation pour l'HArmonisation des Droits des Affaires en Afrique ;
OMC	: Organisation Mondiale du Commerce ;
OMD	: Organisation Mondiale des Douanes ;
OTC	: Obstacle Technique au Commerce;
RGTD	: Régime Régional de Garantie du Transit Douanier ;
RVA	: Régie des Voies Aériennes ;
SADC	: Southern African Development Community / Communauté de Développement de l'Afrique Australe ;
SCTP	: Société Commerciale des Transports et des Ports ;
SFD	: Systèmes Financiers Décentralisés ;
TIC	: Technologies de l'Information et de Communication ;
TVA	: Taxe sur la Valeur Ajoutée ;
UE	: Union Européenne ;

Remerciements

Le présent ouvrage est la déclinaison de notre Mémoire-Projet présenté et soutenu le 23 juillet 2016 en vue de l'obtention du diplôme de 3ème cycle de Master en Comptabilité OHADA et Audit, de l'Institut Supérieur de Commerce de Kinshasa (ISC-KINSHASA).

Qu'il nous soit permis de remercier tous ceux qui nous ont aidé à la réalisation de cet ouvrage. Nous pensons singulièrement aux Professeurs Bernard KAMBALE MUKALALIRYA et Godé MPOY KADIMA, pour avoir accepté, malgré leurs nombreuses occupations, la direction du Mémoire-Projet.

Nous remercions la communauté des auditeurs de la première promotion du programme Master OHADA (2015-2016) et singulièrement les auditeurs de la DGDA et à les membres les plus actifs sans lesquels l'histoire ne s'écrirait pas.

Enfin, nos remerciements s'adressent particulièrement aux Professeurs Seblon MPEREBOYE MPERE et Eddie TAMBWE KITENGE pour leur disponibilité pour la rédaction de cet ouvrage.

Nous exprimons toute notre reconnaissance à Monsieur Albert YUMA MULIMBI, Président de la Fédération des Entreprises du Congo, qui malgré ses multiples occupations, a pu trouver un temps pour la rédaction de la gracieuse préface de cet ouvrage.

Toute notre gratitude à Monsieur Gabriel MWEPU NUMBI, Directeur Général Adjoint Honoraire de la RDC pour sa belle postface et à titre de fanal.

Que tous ceux qui, d'une façon ou d'une autre, nous ont été d'un quelconque secours tant moral que matériel, trouvent également nos sincères reconnaissances.

Préface

Cet ouvrage nous livre une vision renouvelée du contrôle douanier. Destiné aussi bien aux opérateurs économiques qu'aux contrôleurs de l'administration douanière, il place la question du respect des législations relatives au commerce extérieur par les opérateurs économiques et des modalités de leur mise en œuvre au cœur de la problématique du contrôle a posteriori.

Il prend ainsi une certaine distance avec la vision traditionnelle du contrôle douanier. Celle-ci, en effet, a beaucoup évolué ces dernières années et nous mesurons chaque jour davantage, avec la mondialisation, l'influence des dispositifs du contrôle a posteriori sur le pilotage stratégique, la prise de décision et la motivation des administrations douanières.

Nous avons beaucoup apprécié le fait que le contrôle a posteriori soit abordé sous l'angle de son utilité managériale, tout en permettant aux professionnels de se familiariser avec la *boîte à outils* propre à la fonction. En effet, l'Organisation Mondiale des Douanes (OMD) définit le contrôle a posteriori comme un outil important de facilitation des échanges. La question de la mise en œuvre de ces outils, ou de leur déploiement, pour reprendre la terminologie de l'auteur, y tient ainsi une large place.

Nous savons bien qu'une inflexion stratégique majeure devrait entraîner des changements importants dans les dispositifs de pilotage et de contrôle a posteriori. Mais cela n'est malheureusement pas toujours réalisé et les déconvenues peuvent être brutales !

Les objectifs de cet ouvrage sont de sensibiliser les professionnels et les autres acteurs du commerce international aux spécificités du contrôle douanier a posteriori et d'offrir une approche pratique et spécifique des rôles et responsabilités des uns et des autres.

Cet ouvrage résulte de la réflexion et de l'appropriation des meilleures pratiques internationales. En effet, le contrôle a posteriori reflète une approche différente du contrôle douanier traditionnel, étant donné qu'il a pour effet de libérer immédiatement les marchandises ou, du moins, de réduire les délais ou temps nécessaire pour la mainlevée. Sa mise en œuvre fait partie intégrante des stratégies de gestion des risques dont les avantages sont :

- la réduction du temps de mainlevée ;
- la réduction des séjours des marchandises et des frais d'entreposage ;
- l'efficacité renforcée des contrôles.

L'audit a posteriori désigne le contrôle fondé sur un audit effectué après la mainlevée du fret par la douane. Le but est de vérifier la justesse et l'authenticité des déclarations en contrôlant les données commerciales des négociants, leurs systèmes opérationnels, leurs archives et leur comptabilité. Ces audits peuvent prendre place dans les locaux du négociant, et peuvent prendre en compte les transactions individuelles, soit un audit « fondé sur la transaction », ou porter sur les importations et/ou les exportations effectuées durant une certaine période de temps, soit un audit « fondé sur l'entreprise ».

Les audits a posteriori peuvent être menés au cas par cas en ciblant des opérateurs spécifiques sélectionnés d'après une analyse de risque des marchandises et du négociant, ou d'une manière planifiée et régulière, définie dans un programme annuel. L'audit peut de plus être utilisé comme critère afin d'offrir un traitement spécial pour certains opérateurs économiques. (Opérateurs économiques agréés – OEA).

Le chapitre 6 de l'annexe générale de la Convention de Kyoto révisée définit un grand nombre de pratiques recommandées ayant un lien avec le contrôle douanier, y compris l'utilisation de contrôles fondés sur des audits (normes 6.6 et 6.10).

Nous conclurons en insistant sur la tonalité originale qu'a souhaité donner l'auteur à son ouvrage. En l'intitulant *Les procédures de contrôle a posteriori en RD Congo, mise en œuvre des contrôles douaniers et accisiens modernes et efficaces,* il a volontairement pris le parti de questionner l'ensemble des composantes susceptibles d'influencer la performance de l'administration douanière, y compris les aspects humains. Cela ne pourra que réjouir les professionnels douaniers et accisiens, les opérateurs économiques dont le quotidien est d'affronter en permanence la complexité du passage des marchandises à la frontière. Il est destiné aussi aux étudiants des universités, des écoles de commerce.

L'auteur Alain Tenday Lupumba est spécialiste et adepte de la facilitation des échanges. Notre souhait est que le public ciblé par cet essai, qui prône l'amélioration concrète du climat des affaires dans le cordon douanier, s'imprègne effectivement des outils que l'auteur nous propose, non seulement pour sécuriser et faciliter le commerce, mais aussi pour offrir aux personnes morales du secteur privé qui se conforment aux législations en vigueur, divers avantages, notamment la simplification des formalités douanières, ce qui permettra de réduire sensiblement les coûts commerciaux.

Albert Yuma Mulimbi
Président de la Fédération des Entreprises du Congo.

Avant-propos de l'auteur

Depuis plusieurs années, les opérateurs du commerce international se plaignent de plus en plus vivement de la complexité des procédures et de la documentation liées aux mouvements des marchandises. Le fait est désormais admis que les procédures inadaptées contribuent à l'encombrement des aires de stockage. Certes, les administrations sont parfois responsables de la prolifération des documents et formalités ; mais l'aire de stockage constitue un point obligé de convergence où ces formalités sont accomplies à l'occasion du transfert physique des marchandises, d'un mode de transport à un autre et du transfert de la responsabilité d'un opérateur (public ou privé) à un autre.

Ce transfert est forcément complexe en raison du nombre et de la diversité des intérêts qui gravitent autour de la marchandise en mouvement. En dehors de l'enceinte de l'aire de stockage, d'autres parties prenantes ont également un intérêt direct, bien que décalé dans le temps, au mouvement de la marchandise. Le mouvement physique de la marchandise s'accompagne obligatoirement d'un mouvement parallèle d'informations relatives à ces marchandises et aux moyens de transport. Si l'une des parties prenantes ne reçoit pas au moment voulu l'information requise, les marchandises sont bloquées, les aires de stationnement des moyens de transport et de stockage des marchandises se trouvent encombrées, le chargement ou le déplacement des moyens de transport sont compromis et leurs mouvements retardés. Cet inconvénient est d'autant plus sensible que le mouvement physique des marchandises s'accélère de plus en plus avec le progrès de la technique, alors que souvent les procédures et les méthodes de transfert de l'information restent inchangées. Comme on le voit, la situation de l'engorgement des ports et autres aires de stockage est préoccupante pour la nation et même au-delà, car n'épargnant personne sur son passage.

En cette période de globalisation des échanges, la compétitivité enjoint tout gestionnaire d'entrer en contact avec la dynamique de changement qu'elle induit. Les administrations des douanes, quel que soit le pays ou le continent où elles opèrent, rencontrent souvent les mêmes types de problèmes. Il leur est demandé d'être plus efficaces dans leurs contrôles et de fournir de meilleurs services aux usagers. Ces demandes de « services » qui peuvent provenir aussi du Gouvernement (sous la forme d'une augmentation des recettes) émanent de plus en plus des opérateurs du commerce international. Les importateurs et les exportateurs, les professionnels du transport et d'autres usagers sont à la recherche d'un service plus efficace, notamment en ce qui concerne la durée du passage en douane, et de plus de cohérence, leur permettant de réduire les coûts et de rester compétitifs au plan international.

Pour les administrations des douanes, la cause de ces problèmes réside souvent dans le nombre croissant de mouvements des marchandises et de passagers et en corollaire, l'insuffisance des effectifs. Ceci réduit le temps à disposition de la douane pour le contrôle des marchandises et des documents et l'acceptation par les opérateurs commerciaux des délais administratifs élastiques.

Ces dernières années, l'augmentation régulière du volume des échanges et leur complexité ont, en effet, sensiblement modifié le cadre opérationnel des acteurs du commerce international. L'évolution de ces échanges s'en va avec les conséquences négatives des procédures aux frontières inefficaces pour les Gouvernements, les entreprises, et en définitive, pour le client et l'économie dans son ensemble. Les Gouvernements peuvent être confrontés à des problèmes de contrebande, de fraude et de sécurité nationale, qui sont coûteux pour les finances publiques, tandis que les entreprises paient le prix d'une livraison lente et imprévisible, de formalités douanières onéreuses et même d'opportunités commerciales perdues. Finalement, tous ces coûts renchérissent les biens pour le consommateur final.

La mondialisation des opérations facilite de plus en plus la tâche des fraudeurs et complique de ce fait celle des contrôleurs, car les circuits deviennent très complexes et la traçabilité des opérations s'en ressent ; la première réaction est d'augmenter le nombre de contrôleurs-douaniers, mais si cette solution peut fonctionner à court terme, en pratique, elle perpétue l'inefficacité.

En définitive, comme il est impossible en pratique de contrôler chaque document, chaque expédition ou chaque passager, la douane doit rechercher une solution fondée sur de nouvelles méthodes de travail et de nouvelles procédures en vue de faciliter les échanges internationaux.

La facilitation du commerce est définie comme étant la simplification, la normalisation et l'harmonisation des procédures et flux d'informations connexes requises pour faire déplacer les biens du vendeur à l'acheteur et procéder au paiement afférent, tant à l'exportation qu'à l'importation. Les procédures se réfèrent sur les activités (pratiques et formalités) impliquées dans la collecte, la présentation, la communication et le traitement des données requises pour le mouvement des marchandises dans le commerce international.

Pour l'Organisation Mondiale des Douanes, la facilitation des échanges consiste à réduire le coût des transactions commerciales et à créer des normes d'efficacité ; selon la Déclaration de Doha, cela consiste à « favoriser l'accélération accrue du mouvement, de la mainlevée et du dédouanement des marchandises, y compris des marchandises en transit ».

Nous recommandons cet ouvrage en priorité aux agents publics, aux décideurs, aux technocrates, aux opérateurs économiques, aux étudiants et aux chercheurs, mais également aux investisseurs extérieurs, à tous les acteurs du commerce international pour relever les défis qui s'imposent à la facilitation face aux enjeux de la mondialisation des économies, dans l'espace planétaire en libre-échange parfait,

La rédaction du présent ouvrage a largement bénéficié du Recueil sur la gestion des risques en matière douanière et des Directives aux fins du contrôle a posteriori de l'Organisation Mondiale des Douanes. Il s'agit de la première version et même si nous considérons ce document, dans sa forme actuelle, comme étant le fruit d'un travail utile et de grande qualité, nous sommes conscient qu'il est perfectible. Nous nous engageons par conséquent, à le mettre à jour et à l'améliorer davantage avec le concours de tous.

Voici donc les contrôles a posteriori puisés aux meilleures sources et commentés avec le souci de la précision. Nous souhaitons au lecteur d'y prendre d'abord part, et parfois d'en être concerné.

Introduction générale

L'allègement des contraintes pesant sur les échanges extérieurs est un élément déterminant de la politique de globalisation menée par l'ensemble des pays du monde. C'est aussi une condition indispensable pour que les pays en développement puissent bénéficier équitablement des avantages de cette politique.

Parmi ces contraintes, celle exercée par les administrations des douanes est prépondérante. C'est la raison pour laquelle bon nombre de ces pays se sont engagés dans des projets ambitieux de modernisation de leur administration douanière, élément-clé des réformes d'ensemble visant à lutter contre les mauvaises pratiques et à encourager la bonne gouvernance.

L'objectif de ces projets est double, sinon antinomique, puisqu'il s'agit à la fois de faciliter les échanges et de garantir les recettes de l'Etat. En effet, même si la libéralisation des échanges a, ces dernières décennies, encouragé la baisse des taux des tarifs, les taxes externes sur les échanges représentent encore en moyenne plus de 25%[1] des recettes dans les pays en développement, et une grande partie de la fiscalité indirecte interne est collectée à la frontière[2].

Un des éléments les plus contraignants dans la procédure de dédouanement est certainement le contrôle physique des marchandises pratiqué encore aujourd'hui quasi systématiquement dans de nombreux pays en développement. Une sélectivité des contrôles précédant l'enlèvement des marchandises et les contrôles postposés permettraient de limiter ces inconvénients. Ces deux techniques sont toutefois envisagées le

---

[1] La contribution de la DGDA au budget de l'Etat pour l'année 2015 était de 42,96% (Recettes internes) et de 34,00% (recettes internes et recettes externes cumulées). Source : Loi budgétaire 2015

[2] Le nombre de services prestant aux frontières varie selon les frontières malgré le Décret 036 du 28 avril 2002 du Chef de l'Etat, qui fixe à 04 le nombre de services devant prester aux frontières.

plus souvent avec beaucoup de réticence par les administrations des douanes, même quand celles-ci ont entrepris un programme de modernisation. La principale raison est que la sélectivité et le contrôle a posteriori sont perçus comme des risques de voir les recettes douanières diminuer.

Pourquoi différer les contrôles douaniers ?

La défaillance du contrôle en douane dans les pays en développement est tributaire du problème chronique d'information incertaine et asymétrique et de risque moral.[3] L'information est au cœur de la problématique du contrôle en douane ; si elle était parfaite, tant sur la moralité de différents intervenants que sur les caractéristiques du bien importé ou exporté, le contrôle en douane pourrait être ciblé, différé sans aucun risque et le contrôle pour l'ensemble des marchandises serait parfaitement inutile. La fraude serait alors amenée à disparaitre. Mais l'information est imparfaite, en ce sens qu'elle est incertaine et asymétrique[4].

Afin de remédier à ce problème, les administrations des douanes doivent mettre en place des mécanismes permettant de révéler l'information et de limiter le risque moral[5]. Pour connaitre les caractéristiques des marchandises importées (exportées) afin de sécuriser les recettes, les administrations des douanes des pays en développement ont eu recours au contrôle systématique de la plupart des transactions. Malheureusement, cette procédure

---

[3] MACHO-STADLER Inés, PEREZ-CASTRILLO J. David et WATT Richard, (2001), An introduction of the Economics Information: Incentives and Contracts, Oxford, Edition: Oxford University Press, pp 102-106.

[4] Lors d'une opération de dédouanement, d'une part, l'agent des douanes ne peut pas savoir a priori si la déclaration de l'importateur (exportateur) est frauduleuse (il ne peut donc pas connaitre avec certitude les caractéristiques du bien importé (exporté) : nature, qualité, valeur...) ; d'autre part, l'administration douanière ne peut pas savoir a priori si le personnel chargé du contrôle agit en toute moralité (c'est-à-dire s'il met tout en œuvre pour débusquer les fraudes et s'il ne tire pas profit de sa position à des fins personnelles au détriment de la collectivité).

[5] Dans le cadre des modèles *principal-agent*, il y a risque moral (ou hasard moral) lorsque le principal (le mandant) observe imparfaitement l'action (l'effort) entrepris par l'agent (le mandaté).

coûteuse a été d'une efficacité très limitée car le risque moral s'est traduit par un comportement généralisé de corruption (collusion, pression, racket...).

Il est certes possible d'envisager de recourir à un système d'incitations (rémunérations consistantes, primes, avancements en grade, reconnaissance...) pour encourager le douanier à se comporter en toute moralité, et l'administration peut mettre en place un contrat qui incite l'agent à agir dans l'intérêt de la collectivité et non dans le sien propre. Ces types de contrat ne permettent cependant de réduire efficacement le risque moral que si les avantages offerts compensent les montants des bakchichs anticipés par les douaniers, pondérés par le risque de subir effectivement une sanction (notamment l'exclusion de la fonction publique). H. THIELE et G.S. ESKRLAND[6] ont, à ce propos, mis en évidence qu'une augmentation d'incitations, sans la mise en place concomitante de sanctions significatives, était inefficace pour lutter contre la corruption. Très rares sont les sanctions prononcées et effectivement appliquées à l'égard des douaniers compromis dans les pays en développement.

De nombreux pays en développement[7], souvent encouragés par les institutions internationales, ont recours à des sociétés privées d'inspection pour pallier les défaillances de l'administration douanière en matière de contrôle. Ces sociétés ont pour mission, dans le cadre des programmes de vérification des importations (PVI), d'inspecter physiquement, généralement avant embarquement, la plupart des marchandises et aussi de révéler l'information sur les caractéristiques des biens importés (exportés) « espèce, quantité, qualité... ». Elles fournissent aussi à la douane la valeur de la marchandise et le montant des droits et taxes à

---

[6] THIELE Henrik et ESKRLAND Gunnar S., (1999), Corruption Under Moral Hazard, World Bank Policy Research Working Paper n°2204, October.

[7]DEQUIEDT Vianney, GEOURJON Anne-Marie et ROTA-GRAZIOSI Grégoire, (2009), Les programmes de vérification des importations (PVI) à la lumière de la théorie de l'agence, Paris, Edition : De Boeck Supérieur. D'après une enquête réalisée auprès de ces sociétés en juin 2010, 67 pays en développement avaient recours à ce type d'assistance. Selon ces auteurs, l'introduction d'un PVI aurait réduit la fraude aux Philippines, mais l'aurait augmentée en Argentine. Le premier PVI a été instauré en RD Congo en 1963.Pourtant, lors de ses dernières sessions, l'OMD recommande l'abandon des PVI qui infantilisent les administrations douanières.

prélever. Le coût de la révélation de l'information est relativement élevé puisqu'il se situe dans la fourchette de 0,8% à 3% de la valeur FOB de l'importation (exportation) selon les sociétés et les contrats, supporté dans la plupart de cas par les importateurs (exportateurs). Toutefois, comme dans nombre de pays, la douane garde la possibilité de contrôler physiquement les marchandises à l'arrivée (au départ)[8], et de remettre en question l'information fournie par ces sociétés privées, le risque moral reste présent et la sécurisation des recettes n'est pas garantie[9].

Par contre, le contrôle physique a priori des marchandises est inefficace et alourdit les procédures douanières. Il va à l'encontre de l'objectif de facilitation, sans pour autant permettre de sécuriser les recettes, bien au contraire. La mobilisation actuelle des agents sur les opérations de contrôles a priori ne facilite pas un passage satisfaisant à la mise en application de la valeur de l'Organisation Mondiale du Commerce (OMC), dite valeur transactionnelle, qui est maintenant juridiquement la principale méthode d'évaluation de la valeur des marchandises. La référence directe faite dans l'Accord[10] aux éléments de la transaction commerciale, notamment au prix payé ou à payer, fait que l'examen visuel des marchandises pour l'évaluation de la valeur est peu pertinent. C'est donc le prix payé ou à payer qui doit a priori être retenu lors des contrôles initiaux. Sauf en cas de fraude flagrante, les services douaniers, lors des contrôles physiques précédant l'enlèvement des marchandises (mainlevée), ne possèdent, ni les données, ni les connaissances utiles à une contestation solide étayée de cette valeur.

Compte tenu de la réduction du rôle des contrôles a priori depuis l'adoption de cette nouvelle définition de la valeur, la persistance de ces contrôles systématiques constitue un obstacle technique au commerce (OTC) injustifié à la fluidité des transactions commerciales internationales. Elle retarde, de plus, le

---

[8] Ce qui se traduit par un double contrôle pour les opérateurs économiques.

[9] DUTZ Mark, (2000), Russia: Multiple Financial System and Implications for Economic Crime in Russia, cited by V. Ledeneva Alena and Kurkchiyan Marina, (2000), Economic Crime in Russia, Edition: Kluwer Law International; Johnson David T, (2001), Bureaucratic corruption in Japan, in JPRI Working Paper n° 76, April.

[10] OMC, (1994), Accord sur l'évaluation auparavant connu sous le nom d'accord sur la mise en œuvre de l'article vii de l'Accord général sur les tarifs douaniers et le commerce.

redéploiement indispensable du personnel vers les contrôles a posteriori approfondis, seuls susceptibles d'assurer un contrôle efficace de la valeur, donc de la base taxable, dans le nouveau contexte. Le maintien systématique de ces contrôles, très pénalisant pour les opérateurs économiques, entretient la pérennité de certains comportements qui expliquent la persistance de la fraude et de la corruption[11]. De tels contrôles ont un impact négatif sur les recettes puisqu'ils favorisent la collusion entre les opérateurs économiques et les agents de l'administration des douanes qui détournent et se partagent sous forme de rente, une partie des recettes douanières potentielles[12].

Les contrôles douaniers a posteriori : une évolution indispensable ?

La facilitation des échanges, le redéploiement indispensable du personnel vers les contrôles différés, en raison notamment de la mise en œuvre de la valeur de l'OMC, et d'autres règles douanières complexes (origine, par exemple), le changement de mentalités, indispensables pour une évolution vers une douane moderne, sont autant d'arguments en faveur de la limitation des contrôles physiques avant la mainlevée. Cette évolution s'inscrit tout à fait dans l'esprit de la Convention de Kyoto révisée (CKR) dont l'objectif principal est de standardiser et d'harmoniser les procédures douanières au niveau mondial, sur la base des principes suivants[13]:

- la transparence et la prévisibilité des contrôles douaniers ;
- la simplification et la normalisation des déclarations des marchandises et des pièces justificatives ;
- la gestion des risques et le contrôle par audit (contrôle a posteriori) ;
- l'automatisation et l'efficacité.

---

[11]L'OCDE a établi qu'une « taxe » équivalente à 0,5% par jour de la valeur de la marchandise résultait du délai de dédouanement de la marchandise et grevait à ce titre son prix. En effet, ce temps perdu est très coûteux : financement des stocks, loyer du crédit d'achat, insécurité et rupture de la chaine logistique, retard de production.

[12] Le Gouvernement RD Congolais le nomme pudiquement : coulage de recettes.

[13]OMD, (1999), Convention de Kyoto révisée, juin.

Comme le risque moral est une entrave à l'efficacité des contrôles douaniers dans les pays en développement, l'objectif prioritaire doit être de réduire les occasions de collusion entre les importateurs (exportateurs) et les fonctionnaires des douanes. Or, c'est avant la mainlevée que ceux-ci ont le plus fort pouvoir de négociation et de création de la béance financière. Il est donc nécessaire de limiter les contrôles a priori, et de reporter l'essentiel des contrôles a posteriori. Ceci est d'autant plus important qu'au-delà du risque qui pèse sur la sécurisation des recettes, le risque moral est porteur d'inefficacités économiques. En effet, l'arrangement de l'importateur (exportateur) avec le douanier permet d'introduire sur le marché des produits à moindre coût et/ou de qualité douteuse. Les producteurs locaux et les importateurs (exportateurs) non fraudeurs subissent ainsi la concurrence déloyale et peuvent ainsi être exclus du marché. Les « mauvais produits (opérateurs) » se substituent donc sur le marché aux « bons produits (opérateurs) » [14].

Même si la limitation des contrôles physiques avant la mainlevée des marchandises et, par conséquent, le ciblage des opérations à contrôler a posteriori est souhaitable et inéluctable, cette évolution est retardée en raison des réticences :

- du personnel, qui va devoir se recycler et qui anticipe une baisse significative de ses revenus personnels ;
- des autorités sur lesquelles la contrainte budgétaire pèse très fortement, et qui sont inquiètes à l'idée de libérer les marchandises sans les avoir contrôlées qui, dans leur esprit, sont « le garant des droits et taxes ».

Les craintes sont fortes tant au niveau microéconomique que macroéconomique. Il est donc indispensable, pour éliminer toutes ces réticences, du moins celles des autorités, d'identifier les

---

[14] *AKERLOF George A., (1970), The Market for Lemons : Qualitative Uncertainty and the Market Mechanism, in Quarterly, Journal of Economics; On retrouve notamment le problème d'anti-sélection en raison de l'asymétrie d'information entre les différents agents économiques. Les consommateurs, mal-informés de la qualité douteuse des produits importés en fraude, les préfèrent en raison d'un prix plus faible, aux produits concurrents importés par les circuits légaux ou produits localement.*

conditions optimales pour cibler les contrôles douaniers a posteriori sans risques de pertes de recettes budgétaires[15].

Partant de la logique, moins contrôler mais mieux contrôler, la douane devrait adopter cette position pour deux raisons essentielles :

- les contrôles douaniers ne doivent plus être une contrainte (ou OTC) à la libre circulation des personnes et des marchandises...
- cependant, la douane doit être en mesure de rechercher et de réprimer l'ensemble des trafics illicites.

Ces deux fonctions (facilitation du commerce international et répression des trafics frauduleux) peuvent paraître contradictoires, pourtant elles sont complémentaires !
Faciliter les opérations commerciales qui s'inscrivent dans un cadre légal permet de consacrer plus de temps aux opérations potentiellement frauduleuses. En effet, des contrôles systématiques aujourd'hui inadaptés, font supporter aux entreprises exerçant dans un cadre légal, un coût excessif. Il est préférable de contrôler en priorité les opérations les plus sensibles. La réalisation d'un taux de 100% de contrôle douanier est stratégiquement inutile : à un même moment, tous les produits, tous les opérateurs, ne présentent pas le même risque de fraude[16]. Les contrôles doivent présenter un caractère : effectif, proportionné, et dissuasif. Dans l'idéal, une politique de lutte contre la fraude basée sur l'évaluation des risques devrait conduire à des contrôles peu nombreux, mais... efficaces à 100%. Le but est d'approcher le plus possible cet idéal !

Une caractéristique commune des conditions de travail de toutes les administrations des douanes est le volume élevé de transactions à l'importation et la simple impossibilité de les vérifier toutes à la frontière[17]. En fait, le contrevenant compte sur cet

---

[15]OMD, (2002), Recueil sur la gestion des risques en matière douanière.

[16] CONIN Didier, (2008), Douanes Françaises, Le commerce international et les pratiques frauduleuses : les techniques d'évaluation des risques, Conférence à Kinshasa, Octobre.

[17] Le taux de visites physiques des marchandises au Port international de Mombasa Kenya est de 5% (1 % dépotages et 4% scannages) pour un volume de 2.500 TEU réceptionnés par jour. Source : Rapport annuel 2012 KPA.

important volume d'importation lorsqu'il choisit la date et le lieu de sa tentative d'opération irrégulière[18].

L'évaluation des risques, en vue d'un contrôle a posteriori efficace, devrait être utilisée pour améliorer la sélection ou le ciblage, en concentrant les domaines risquant de donner les résultats les plus favorables en matière de lutte contre la fraude.

Nous postulons que le contrôle a posteriori devrait impacter positivement la collecte de recettes et améliorer le climat des affaires dans le cordon douanier de la chaine logistique internationale. En effet, le mouvement physique des marchandises succède à un mouvement d'informations et de formalités relatives à ces marchandises et aux navires qui les transportent. Si l'une des parties prenantes ; à savoir : le consignataire ou l'agent maritime (Bollore, Delmas, Maersk...), l'administration douanière (DGDA), le concessionnaire de la plateforme portuaire ou aéroportuaire (SCTP ou RVA), le Conseil national des chargeurs (OGEFREM), les services de l'hygiène aux frontières (Quarantaine) et l'agence nationale de contrôle (OCC) ne reçoit pas au moment voulu l'information requise, les marchandises sont bloquées ; les aires de stationnement et de stockage se trouvent encombrées.

Cet inconvénient est d'autant plus sensible que la complexité et le volume du commerce international se sont accrus, en raison des progrès technologiques (TIC) qui ont révolutionné les pratiques du commerce mondial, alors que souvent les procédures et les méthodes de transfert de l'information restent désuètes et les matériels de traitement restent vétustes et inchangés, avec un personnel vieillissant dont les connaissances sont approximativement actualisées, et la manière dont l'administration des douanes exerce ses responsabilités et organise ses opérations s'en est trouvée considérablement affectée.

Par conséquent, on assiste à un renchérissement des coûts et à l'augmentation des surcoûts liés à tous les maillons de la chaîne logistique internationale, bref à la détérioration du climat des affaires, vecteur essentiel pour attirer les investissements directs étrangers (IDE).Ce qui, par ailleurs, réduit les avantages de l'automaticité des procédures liées à l'établissement des Guichets

---

[18] TENDAY LUPUMBA Alain, (2014), Les procédures de dédouanement en RDC : l'expérience du « guichet unique » au poste de Matadi, Paris, Edition : L'Harmattan, p. 198.

Uniques ; le Guichet Unique sensé simplifier les formalités et les procédures et réduire significativement les délais, n'est unique que dans sa configuration théorique géographique. Plusieurs blocages subsistent : la lenteur dans l'établissement et l'acheminement des factures (décomptes frais à payer) par les divers intervenants et structures officielles concernées, la maitrise approximative des opérations par les usagers, le manque de formations et la lenteur dans le traitement d'informations incertaines.

La recherche des solutions à tous ces problèmes constitue le champ d'application de la facilitation, qui a pour objet de rationaliser la présentation et de coordonner la circulation des informations de façon à ne pas retarder la circulation des marchandises et à réduire les coûts accessoires qui grèvent celles-ci. En effet, avec la mondialisation du commerce international, les besoins en solutions logistiques ont fait prendre conscience aux décideurs de l'enjeu stratégique d'une logistique performante, comme moteur de compétitivité pour l'entreprise. La logistique portuaire est devenue un des vecteurs essentiels de développement économique. Du coup, les ports, symboles des échanges intercontinentaux et lieux de rupture de charge et de responsabilité, s'imposent en tant que sites incontournables dans les échanges. Pourtant, il appert que, malgré les multiples réformes intervenues dans le secteur portuaire, bon nombre de transitaires et d'opérateurs économiques, se trouvent toujours confrontés à des difficultés relatives au passage des marchandises. Cette situation devenant très préoccupante, n'est-il pas impérieux de chercher des solutions rationnelles à ces divers obstacles ?

Quelles sont alors les perspectives pour la facilitation des opérations d'enlèvement des marchandises par le système de Guichet Unique, dans un environnement d'information imparfaite ? Outre le Guichet Unique, quelle nouvelle approche la DGDA peut-elle adopter, pour améliorer l'efficacité de son action de sécurisation des échanges, couplée à l'amélioration de la compétitivité des plateformes portuaires (ou aéroportuaires) et à la bonification de la qualité de service dans la chaine logistique internationale ?

Ces diverses questions expliquent le choix du titre de notre ouvrage : *Les procédures de contrôle a posteriori en Rd Congo : mise en œuvre des contrôles douaniers et accisiens modernes et efficaces.*

L'objectif de cet ouvrage est de proposer les cadres juridique et opérationnel pour l'optimisation des contrôles a posteriori au regard de la théorie de l'agence[19]. Notre démarche, qui se veut normative, ne s'intéresse pas aux causes du risque moral ou de l'incompétence des douaniers, elle les admet comme hypothèse. Notre raisonnement s'inscrit dans un champ important de la science économique qu'est la théorie des contrats en présence d'asymétries informationnelles. Au-delà de la dimension polémique de tout contrôle a posteriori suscitée par les enjeux sous-jacents, nous proposons certaines recommandations que devraient respecter les contrôles a posteriori, afin qu'ils soient les plus efficaces possible.

Notre principe de base est de considérer le contrôle a posteriori non comme un outil d'assistance, voire de surveillance des douanes, mais plutôt comme un contrat induisant une surveillance mutuelle entre l'administration douanière et les opérateurs économiques, au plus grand bénéfice du donneur d'ordre, le Gouvernement, conformément à une des missions de la douane : la conception et la mise en œuvre des mesures visant la facilitation et la sécurisation des échanges commerciaux.

Outre l'introduction générale et la conclusion générale, le présent ouvrage est divisé en trois chapitres dont le premier est consacré au cadre conceptuel et théorique, le second met en parallèle les attributions de deux directions de la Direction Générale des Douanes et Accises (DGDA) à savoir : la Direction de l'Audit Interne (DAI) et la Direction de la Brigade et Lutte contre la Fraude (DBLF) ; le dernier parle du contrôle a posteriori et, à la fin, nous présentons le projet de réglementation des contrôles a posteriori, les tables des procédures ainsi que le guide des vérifications thématiques.

---

[19]La théorie de l'agence ou dilemme de l'agence est la branche de l'économie qui s'occupe des conséquences du problème principal-agent, en particulier à l'intérieur d'une même unité économique, administration ou entreprise. En tant que telle, elle constitue un domaine à cheval entre l'économie industrielle et la théorie des organisations. C'est un contrat par lequel une ou plusieurs personnes (le principal) engage une autre personne (l'agent) pour exécuter en son nom une tâche quelconque qui implique une délégation d'un certain pouvoir à l'agent. Le but est de modéliser une relation dans laquelle un "principal" recrute un "agent" dans des conditions d'information imparfaite.

Cette publication vient compléter notre récent ouvrage intitulé « *les procédures de dédouanement en Rdc* », *l'expérience du « guichet unique » au poste de Matadi*, publié à Paris, aux éditions L'Harmattan, en juillet 2014.

I.

Cadre conceptuel et théorique

I.1. Introduction

La revue de la littérature permet, dans le cadre de toute recherche, de s'assurer au préalable de l'état des connaissances acquises sur les problèmes identifiés. En fonction des différents points de la problématique choisie, nous présentons la revue de littérature afférente ; ce qui nous a permis de retenir une approche théorique adaptée à la situation mise en cause. Le but est de présenter les apports antérieurs de la résolution du problème général et des problèmes spécifiques évoqués ; à savoir :

- la lourdeur dans les formalités de passage des marchandises ;
- la congestion du domaine portuaire (ou aéroportuaire) et la mobilité réduite des échanges ;
- l'inefficacité des contrôles a priori dans la collecte des recettes ;
- le coût élevé des transactions et la détérioration du climat des affaires.

Notre revue s'articule autour des thèmes suivants : la compétitivité portuaire, la qualité de service, l'enjeu de la facilitation, les contrôles douaniers et accisiens, et la gestion des risques.

I.2. Compétitivité portuaire

Selon L. Baudez[20], le port est le point d'arrivée et de départ du transport maritime, équipé et organisé pour assurer le transbordement des voyageurs et des marchandises, puis pour

[20] Baudezl., (1999), Architecture du commerce et de la finance, Lyon, Edition : Les Amis de Lyons, pp. 12-19.

remplir les fonctions commerciales qui en résultent. Il constitue un hub informationnel stratégique.

Ainsi, une place portuaire est une entité géographique et économique portant un nom spécifique, située en bordure de mer, d'un fleuve ou d'un lac, accueillant les navires et où s'effectue le transfert des marchandises et des passagers, du mode de transport aquatique à un mode terrestre (hub multimodal). Compte tenu de son importance dans l'économie des pays, il s'avère nécessaire qu'il soit compétitif. Pour R. Whitley et D. Hessan,[21] être toujours compétitif, c'est se consacrer à ce que l'on fait de mieux, trouver comment faire partie des meilleurs. Il appartient aux dirigeants de découvrir quels sont exactement les produits ou les services qui ont le plus de valeur pour les clients et ceux qu'ils peuvent leur fournir aussi bien ou mieux que les meilleures entreprises du monde. Cette connaissance est susceptible de tout révolutionner dans une entreprise. Elle peut être le point de départ d'un redressement et d'une croissance accélérée.

Quand on compare les pays africains aux autres pays en développement d'Amérique Latine et d'Asie, on constate que nombreux sont les facteurs qui limitent la compétitivité des économies africaines sur le marché international et que le secteur des transports est certainement un des problèmes majeurs lors de l'acheminement des marchandises ; les importateurs et les exportateurs africains font, en effet, face à des coûts de transport maritime les plus élevés. Selon une étude réalisée dans la revue d'information de l'Association Panafricaine de Coopération Portuaire (APCP)[22], le taux de fret moyen (47 %) est plus élevé que celui des autres pays en développement et plus de deux fois supérieur au taux des pays développés qui est estimé à 5,21%. Les plus touchés par les coûts exorbitants de transport sont les pays enclavés que compte le continent. Ils ont un surcoût de transport

---

[21] Whiteley Richard and Hessan Diane, (1997), Customer-centered Growth: Five Proven Strategies For Building Competitive Advantage (Cinq strategies éprouvées pour la construction de l'avantage concurrentiel), Cambridge, Edition: The Forum Corporation, March, pp. 23-40.

[22] Cfr. Revue d'information de l'APCP, Edition : décembre 2005.

de 15 à 20%[23]. Ces surcoûts qui pèsent lourdement sur la compétitivité des pays résultent d'une longue attente, d'une faible productivité ainsi que de l'inadéquation et de l'inefficacité des services rendus.
Face à ce problème de faible compétitivité, l'amélioration de la qualité de services portuaires est souvent citée comme axe prioritaire d'actions dans les plans de développement portuaire.

I.3. Qualité de service

Les auteurs[24] les plus cités en cette matière, considèrent la qualité de service comme un facteur de compétitivité. Pour eux, la notion de « service offert au consommateur » apparaît dans certains cas comme l'élément structurant véritablement la politique logistique. L'option qui consiste à rechercher un niveau très élevé de performance, voire le niveau le plus élevé possible dans la définition de l'offre, peut représenter l'objectif même de la stratégie logistique.

La qualité de service rime avec la satisfaction du client et c'est de la satisfaction que découle la fidélisation. La survie, la croissance et la rentabilité d'une entreprise dépendent non seulement de son aptitude à conquérir de nouveaux clients, mais aussi de son aptitude à les conserver, c'est-à-dire à les fidéliser. Elle est également une réelle opportunité en termes de profit, car il existe des liens étroits entre la satisfaction des clients et la rentabilité de l'entreprise. En effet, d'après K. Coyne[25], la satisfaction a des rendements croissants sur la part de marché d'une entreprise donc une source de croissance durable pour les entreprises. Au demeurant, la non qualité fait fuir la clientèle et concourt à la perte des parts de marché. Selon F. Reichheld[26], un des meilleurs

---

[23] Mackellar F. Landis and Mcgreevey William P., (2002), The Growth and Containment of Social Security Systems, Development policy review, Volume 17, Issue 1, Washington D.C., World Bank, March.

[24] Colin Jacques, Tixier Daniel et Mathe Hervé, (1998), La logistique d'entreprise, vers un management plus compétitif, Paris, Édition : Dunod, pp. 45-60.

[25] Coyne Kévin, Mckinsey & Company, (1989), Inc., Beyond Service Fads-Meaningful Strategies for Real World, in Sloan Management Review Summer.

[26] Reichheld Frederick, (1999), L'Effet Loyauté, Paris, Edition: Dunod. Et Reichheld Fréderick, (1996), Loyalty effect: the Hidden Force Behind Growth, Profits and Lasting Value (effet de fidélisation: la force cachée derrière la

spécialistes de la fidélisation, la fidélité des clients, des employés et des actionnaires de l'entreprise est la cause principale de leur succès ou de leur échec, et cette thèse, tout au moins en ce qui concerne les clients de l'entreprise, est désormais largement répandue parmi les gens de marketing.

Les clients fidèles d'une entreprise sont pour elle un gage de stabilité. En effet, du fait de leur attachement à l'entreprise (ou à la marque), les clients fidèles sont relativement peu sensibles aux sollicitations et aux offres promotionnelles des concurrents. Ils sont également moins enclins que les clients récents ou occasionnels à abandonner leur marque en cas de crises. Ils sont la source d'un « bouche-à-oreille » positif et deviennent ainsi, pour l'entreprise, des recruteurs très efficaces parce que désintéressés et crédibles.

I.4. Enjeu de la facilitation

Pour P. Kebela[27] et le COMESA, la facilitation du commerce est la simplification, la normalisation, l'harmonisation des procédures et flux d'informations connexes requises pour faire déplacer les biens du vendeur (dans le pays d'exportation) à l'acheteur (dans le pays d'importation) et procéder au paiement afférent tant à l'importation qu'à l'exportation, et la transparence afin que les transactions deviennent plus faciles, plus rapides et plus économiques qu'il en était avant. Elle consiste à :

- inscrire dans le même circuit les phases de la transaction commerciale et les interventions (contrôles, visas) des administrations afin d'éviter d'interrompre le processus ;
- réutiliser les informations commerciales, comme telles, c'est-à-dire le type et la représentation des données dans les formulaires administratifs.

---

croissance, les bénéfices et la valeur durable), Boston, Edition: Harvard Business School Press, May.

[27]Kebela Kebela Patrick, (2014), Consultant à la Banque Mondiale en facilitation du commerce et du transport, Rapport préparé pour le Compte de la Cellule Exécution du Projet de Transport Multimodal, Kinshasa, mars.

La normalisation documentaire est le point de passage obligé de la facilitation. Les principes de la normalisation documentaire sont :

- tenir compte du fait que les documents et formulaires s'enchaînent (tant dans la conception que dans l'exploitation) ;
- rendre compatibles l'affichage et la communication des données quel que soit le support de transmission (CD, DVD, Clé USB, Message EDI : Echange de Données Informatisées ou Electronic Data Interchange) ;
- permettre de passer sans difficulté de l'environnement numérique à celui des supports physiques (dont le papier) et vice versa.

Pour B. Stoven[28], la facilitation :

- vise à réduire les coûts et les délais relatifs à l'exécution des transactions commerciales et des opérations logistiques qui s'y rapportent ;
- s'exprime au travers de recommandations en direction des Autorités et des Opérateurs, par exemple « la Convention FAL sur la Facilitation du trafic maritime international, adoptée le 09 avril 1965 » de l'Organisation Maritime Internationale (OMI) ;
- fait l'objet d'une concertation à l'échelle universelle au sein des Nations Unies.

Par ailleurs, B. STOVEN distingue deux démarches ; à savoir :

a) la démarche participative qui concerne les administrations et les services publics (souvent peu préparés et mal payés). Elle implique aussi les opérateurs privés, quels que soient leur rôle respectif et leur taille ;
b) la démarche englobante qui elle couvre toutes les étapes de la transaction commerciale, logistique, et financière et s'inscrit dans le cadre de la mondialisation.

---

[28] STOVEN Bernard, (2008), Expert en facilitation des procédures du commerce et du transport, L'avenir du commerce transfrontalier, Corridors de transit en Afrique de l'Ouest : les défis à surmonter, Conférence Internationale sur les Guichets Uniques, Dakar.

Les méthodes préconisées par la facilitation reposent essentiellement sur :

- la rationalisation des procédures et pratiques ;
- l'harmonisation des facilités ;
- la normalisation du traitement et des échanges d'informations.

Ces méthodes reposent aussi sur une utilisation massive, mais intelligente et coordonnée des technologies de l'information et de la communication.

Quant à M. Weizmann[29], il a mis l'accent sur les avantages des modèles normalisés de l'OMI ; à l'arrivée et au départ, il y aura un système rapide et normalisé des formalités douanières ; des documents faciles à remplir avant l'arrivée permettent d'éliminer les retards et d'accélérer la rotation. Une réduction importante des formalités pour les passagers entraînerait une réduction de l'affluence sur les quais. La reproduction facile engendre la réduction des besoins de classement.

De façon générale, indépendamment du facteur humain qui intervient de manière transversale presqu'à toutes les étapes du circuit de la chaîne, les problèmes majeurs de la facilitation des opérations portuaires portent sur trois facteurs principaux ; à savoir :

- les procédures qui sont imposées par les différents services ou administrations et caractérisées par un manque de transparence et de visibilité ;
- les obstacles relatifs aux infrastructures ; et enfin
- les obstacles liés à l'organisation.

I.5. Définitions des concepts

Le recueil de l'OMD sur la gestion des risques en matière douanière égrène les définitions des concepts suivants :

---

[29] Weizmann Michel S., Représentant suppléant de la France à l'Organisation Maritime Internationale, Directeur à la Direction du Transport, des Ports et du Littoral, Ministère de l'Equipment, des Transport, du Logement, du Tourisme et de la Mer, France.

a. Audit :

Plus qu'une vérification simple des documents, il faut vérifier et auditionner pour vérifier l'information donnée. L'audit a pour mission la protection du patrimoine par la détection des erreurs, des écarts, des fraudes. C'est un outil du contrôle de gestion.

Le terme « audit » est actuellement largement répandu dans les entreprises ; selon l'Institut français des auditeurs et contrôleurs internes, l'audit interne est une activité autonome d'expertise, assistant le management pour le contrôle de l'ensemble de ses activités. L'audit doit permettre un avis sur l'efficacité des moyens de contrôle à la disposition des dirigeants.

L'audit doit permettre de :

- mesurer et d'améliorer la fiabilité des systèmes d'information comptable et financier existant ;
- mettre en place des systèmes efficaces de contrôle de tous les domaines de l'entreprise.

Le terme « interne » précise que le contrôleur fait partie de l'entreprise, mais l'audit peut être aussi externe.

b. Audit interne :

On ne peut que commenter la définition de l'Institute of Internal Auditors, datant de juin 1999 :« L'audit interne est une activité indépendante et objective qui donne à une organisation une assurance sur le degré de maîtrise de ses opérations, lui apporte ses conseils pour les améliorer, et contribue à créer de la valeur ajoutée. Il aide cette organisation à atteindre ses objectifs en évaluant, par une approche systématique et méthodique, ses processus de management des risques, de contrôle et de gouvernement d'entreprise et en faisant des propositions pour renforcer son efficacité[30] ».

Alors que l'objectif de l'audit interne est d'apprécier la bonne maîtrise des activités de l'entreprise (dispositifs de contrôle interne) et de recommander les actions pour l'améliorer, celui de l'audit externe est de certifier la régularité, la sincérité, l'image fidèle, des comptes, résultats et états financiers[31].

c. Audit externe :

---

[30] Renard Jacques, (2010), Théorie et pratique de l'audit interne 7e édition, Paris, Edition : Groupe Eyrolles, p.72.

[31] Idem, p.73.

L'audit externe assure trois fonctions principales :
1. certification des comptes ;
2. vérification et évaluation des opérations et des contrôles en place ;
3. recommandations sur bases des exceptions notées.

L'audit externe apporte une perspective indépendante sur les comptes et sur l'organisation opérationnelle des services qui permet aux conseils (Conseil d'Administration et Comité de Surveillance et de Contrôle) d'avoir une vision plus claire des comptes et de la gestion opérationnelle.

Les rapports d'audit externe sont envoyés aux autorités de supervision et permettent ainsi un suivi global et panoramique du secteur de la microfinance.

Enfin, la revue des rapports d'audit externe permet aux investisseurs extérieurs, tels que les bailleurs de fonds, d'obtenir l'assurance nécessaire à décider, en connaissance de cause, de leurs investissements dans les différents Systèmes Financiers Décentralisés[32].

Contrairement à une idée reçue, l'audit interne n'est pas une fonction comptable et financière ou, du moins, n'est pas que cela. En effet, sa mission consiste à analyser les risques, tous les risques, qu'ils soient opérationnels, financiers ou de conformité, susceptibles d'affecter la réalisation des objectifs fixés par l'organisation, puis à s'assurer qu'il existe un dispositif de contrôle interne parfaitement adapté à sa situation et, si tel n'est pas le cas, à faire toutes les propositions nécessaires pour y pourvoir[33].

Les normes internationales pour la pratique professionnelle de l'audit interne donnent pour mission à la fonction d'audit interne d'évaluer le processus de gouvernement d'entreprise et de formuler les recommandations appropriées en vue de son amélioration (article 2130)[34].

---

[32] Renard Jacques, Pricewaterhousecoopers, (2009), Guide méthodologique de l'audit externe des SFD dans les pays de la zone UEMOA, p.9.

[33] Bertin Élisabeth & Compagnie (2007), Audit interne : Enjeux et pratiques à l'international, Paris, Edition : Groupe Eyrolles, p. 5.

[34] Idem, p. 137.

d. Audit externe et audit interne de la comptabilité :

Dans son examen du secteur strictement comptable, l'auditeur externe, pour apprécier la régularité, la sincérité et l'image fidèle des comptes, se focalise plus particulièrement sur :

- l'exhaustivité des enregistrements ;
- la réalité des chiffres ;
- l'évaluation correcte des opérations ;
- la période d'enregistrement ;
- la correction de la présentation au regard des obligations légales.

Pour réaliser ces objectifs, l'auditeur externe analyse les dispositifs de contrôle interne mis en place pour assurer la régularité des comptes et résultats[35].

e. Audit (contrôle) interne et contrôle de gestion[36] :

Il y a encore peu de temps, nombreux étaient ceux qui discernaient mal la frontière entre les deux fonctions. Une des causes tient sans doute au fait qu'elles ont suivi des évolutions comparables.

De même que l'audit interne est passé du simple contrôle comptable à l'assistance au management dans la maîtrise des opérations, de même le contrôle de gestion est passé de la simple analyse des coûts au contrôle budgétaire puis à un véritable pilotage de l'entreprise.

On peut le définir comme étant l'activité permettant le pilotage économique et financier de l'organisation.

Si la définition a varié dans le temps, partant d'un processus budgétaire pour atteindre une gestion par objectifs, le contrôle de gestion reste caractérisé par deux éléments :

- l'espace vital de la fonction est le système d'information de gestion ;
- elle est au service de la performance.

---

35 Idem, p. 83-84.

36 RENARD Jacques, Op. Cit., pp. 92-93.

Ces deux caractéristiques permettent d'identifier les ressemblances, les différences et les complémentarités :

- les ressemblances :
  - Les deux fonctions s'intéressent à toutes les activités de l'entreprise et ont donc un caractère universel ;
  - comme l'auditeur interne, le contrôleur de gestion n'est pas un opérationnel : il attire l'attention, recommande, propose mais n'a pas de pouvoir opérationnel ;
  - les deux fonctions sont relativement récentes et encore en pleine période d'évolution d'où la multiplication des interrogations et des incertitudes ;
  - l'une et l'autre bénéficient généralement d'un rattachement hiérarchique préservant leur indépendance et leur autonomie, c'est-à-dire au plus haut niveau de l'entreprise.
  - mais les différences sont suffisamment importantes pour permettre de les identifier et de les distinguer.

- Les différences : Différence quant aux objectifs est essentielle. On connaît les objectifs de l'audit interne, qui visent à mieux maîtriser les activités, par un diagnostic des dispositifs de contrôle interne. Le contrôleur de gestion va s'intéresser plus à l'information qu'aux systèmes et procédures ; défini au sens le plus large, on peut dire que son rôle est de définir ou d'aider à définir la performance, sa mesure et son suivi et à recommander les dispositions à prendre pour restaurer la situation. Pour ce faire, il est le concepteur du système d'information de l'entreprise et contribue à la définition des structures, actions totalement antinomiques avec l'audit interne.

f. Contrôle :

La vérification des documents. C'est aller à l'encontre du rôle : c'est vérifier si ce qui a été défini comme rôle a été respecté. Etymologiquement le contrôle : contre et rôle[37].

---

[37]Professeur Ngoma ya Nzuzi Daniel, (2015), Note de cours : Contrôle de gestion, ISC Kinshasa, Master en Comptabilité OHADA et Audit, 2015-2016.

« Dans la littérature relative au comportement organisationnel, l'utilisation du terme contrôle est ambiguë. La confusion provient en grande partie du fait que "contrôler" peut également signifier "diriger". Défini précisément, le contrôle correspond exclusivement à la tâche qui consiste à s'assurer que les activités produisent les résultats attendus. Dans ce sens, le contrôle se limite à guider l'atteinte des résultats des activités, s'informer des résultats réellement obtenus, et prendre des actions correctives si nécessaire»[38].

g. Contrôle a priori :

C'est une vérification physique de la nature, de la quantité et de la valeur de la marchandise avant que l'importateur (exportateur) ou son représentant n'en prenne possession. Ce peut être un contrôle avant embarquement dans le pays d'exportation (de provenance ou de transit) ou à l'arrivée sur le territoire national.
(*Facteur moment* : avant la mainlevée ; *Facteur support* : déclaration et pièces justificatives ; *Facteur lieu* : dans les installations douanières).

h. Contrôle a posteriori ou contrôle en entreprise :

Il s'agit du contrôle réalisé après dédouanement, qu'il s'agisse d'enquêtes ponctuelles ou de contrôles approfondis de l'activité du commerce extérieur des entreprises, ainsi que les enquêtes de toute nature intervenant dans les différents domaines d'activité de l'administration douanière. Il repose principalement sur l'analyse approfondie des documents comptables et commerciaux des entreprises.
(*Facteur moment* : après la mainlevée ; *Facteur support* : la comptabilité ; *Facteur lieu* : dans les installations des opérateurs économiques).

Contrairement au contrôle différé, le contrôle a posteriori implique la mise en œuvre du droit de communication et le déplacement des enquêteurs au siège des entreprises. Il permet de vérifier l'exactitude des déclarations en examinant, notamment les livres, les registres, les systèmes comptables et les pièces

---

[38]GIRAUD Françoise & Cie, (2004), Contrôle de Gestion et Pilotage de la Performance, 2eme Edition, Paris, Edition : Gualino, p.23.

comptables, ainsi que l'ensemble des données commerciales intéressant la douane qui sont en possession des personnes ou des sociétés qui participent directement ou indirectement au commerce international.

Pour l'application du contrôle a posteriori, il est fait appel à la gestion des risques qui permet de déterminer les personnes et les marchandises à contrôler, y compris les moyens de transport, ainsi que le niveau du contrôle à effectuer. Suivant le profil de la personne à contrôler et les activités (type de commerce, marchandises, montant des droits et taxes en jeu, etc.).Le contrôle a posteriori pourra être permanent, régulier ou occasionnel.

De par leur nature, les contrôles des produits d'accises ne peuvent être qu'à postériori.

i. Contrôle approfondi :

Il consiste, en plus de la vérification de l'identité, en une vérification des autres documents exigibles, en une fouille du moyen de transport et son contenu, ainsi qu'en une réévaluation de la marchandise en consultant la base de données valeur.

j. Contrôle de gestion :

C'est la vérification et la maitrise des rouages de gestion d'une entreprise. Ou, en d'autres termes : tout contrôle. Il a pour but d'atteindre les objectifs de performance et a pour vocation la vérification des normes.

La matière première du contrôle de gestion est l'information. C'est la clef de voute du processus de décision ; Le rôle du contrôle de gestion est donc de manager l'information utile à la prise de décision. Pour une entreprise, le contrôle est d'abord compris et analysé comme le respect d'une norme ; c'est un contrôle de régularité. Il participe alors au « processus de la gestion » :
Information →Décision →Action →Contrôle.

Daniel Ngoma ya Nzuzi nous renseigne que le contrôle de gestion a pour vocation la gestion du système d'information de gestion afin de recueillir des données économiques et financières internes et externes à l'organisation.

Le Plan comptable général français définit le contrôle de gestion comme un « ensemble de dispositions prises pour fournir aux dirigeants et aux divers responsables des données chiffrées périodiques caractérisant la marche de l'entreprise.
Leur comparaison avec des données passées ou prévues peut, le cas échéant, inciter les dirigeants à déclencher rapidement les mesures correctives appropriées ».

Henri Bouquin situe le contrôle de gestion comme interface entre le contrôle stratégique et le contrôle d'exécution (ou opérationnel), « garant de la cohérence entre la stratégie et le quotidien ». Selon lui, « la position clé du contrôle de gestion ne réduit pas son rôle à une dimension technique de coordination, de planification et de suivi : elle l'amène, et ce sont les conditions posées à son succès, à viser des fonctions de motivation-évaluation et d'éducation des acteurs concernés ».

Le contrôle de gestion est destiné à accroître la motivation des responsables et à créer davantage de « convergence des buts » dans les organisations. C'est là une autre composante essentielle du contrôle, déjà présente dans la définition de R.N. Anthony.

Enfin, selon Philippe Lorino, le contrôle de gestion :

- Gère non seulement les coûts mais aussi la valeur par la construction d'indicateurs de performance ;
- Gère le changement dans une dynamique de progrès continu, par une pratique permanente d'analyse et de diagnostic ;
- Construit les moyens du pilotage, assurant la convergence des comportements ;

k. Contrôle des systèmes des entreprises[39] :

Le contrôle qui consiste à examiner l'ensemble du processus de traitement et qui ne repose pas sur une succession visible d'opérations ni sur la vérification systématique de toutes les transactions ou une grande partie d'entre elles ; il tente de tirer parti des propriétés inhérentes au traitement informatique pour déterminer le degré de confiance dont peuvent bénéficier les différents utilisateurs.

[39] GIRAUD Françoise & Cie, (2004), Op. Cit.

l. Contrôle différé :

C'est le contrôle documentaire des déclarations de marchandises (et de leurs pièces annexes) enregistrées dans les bureaux. Il consiste donc en un réexamen du fond et de la forme des déclarations de marchandises concernant les marchandises ayant fait l'objet d'une mainlevée par une procédure simplifiée.

(*Facteur moment* : après la mainlevée ; *Facteur support* : déclaration et pièces justificatives ; *Facteur lieu* : dans les installations douanières).

m. Contrôle externe[40] :

Il s'agit des mécanismes au travers desquels des groupes et des institutions régulent l'activité des individus en s'assurant du respect des règles et en prévenant les comportements déviants. Le but du contrôle externe est de remplir à la fois un rôle préventif et répressif.

n. Contrôle fiscal :

Le contrôle fiscal[41] est un instrument de régularisation du système déclaratif qui a un double objet :

- pour l'administration, l'objet du contrôle fiscal n'est rien d'autre que de déceler les erreurs, les fautes, les fraudes et les évasions fiscalement infractionnelles et susceptibles d'influer l'assiette de l'impôt ;
- pour le contribuable, hormis toute controverse, le contrôle fiscal peut constituer un instrument de test ou d'amélioration de la comptabilité qui lui permet d'éviter la récidivité, les erreurs et fautes déjà fiscalement sanctionnées.

---

[40] Idrissi Serghini Abdellah, (2009-2010), Contrôle externe, Master en gestion de l'entreprise, Haute Ecole Francisco Ferrer.

[41] Semete O'nkol Marguerite Francine, (2006), La fraude fiscale en RDC, Kinshasa, Mémoire, Kinshasa, Université de Kinshasa - Licenciée en droit.

o. Contrôle interne[42] :

Le contrôle interne est un processus :

- conçu et mis en place par les personnes constituant le gouvernement d'entreprise, la direction et d'autres membres du personnel ;
- programmé pour fournir une assurance raisonnable quant à la réalisation des objectifs de l'entité en ce qui concerne la fiabilité de l'information financière, l'efficacité et l'efficience des opérations, ainsi que la conformité avec les textes législatifs et réglementaires en vigueur.

Le contrôle interne est la métaphore de l'audit interne.

p. Contrôle minimal :

Il consiste en une simple vérification des documents d'identité. En cas d'indice, un contrôle approfondi peut être réalisé.

q. Contrôle par audit[43] :

Méthode permettant à la douane de s'assurer de l'exactitude et de l'authenticité des déclarations en vérifiant les livres, registres, systèmes comptables et données commerciales pertinents détenus par les personnes ou les entreprises concernées.

Dans le cadre de cet ouvrage et en harmonie avec les définitions des concepts édictées par l'OMD, nous assimilerons le contrôle par audit et le contrôle des systèmes des entreprises, tels que définis par le Code des douanes, au contrôle a posteriori. Cette contraction d'ordre philosophique ne devrait pas être interprétée comme une dénégation du concept et ne saurait entrer en contradiction avec la législation en vigueur. Ceci n'a pas tué cela.

r. Fraude :

Par fraude, nous entendons toutes les irrégularités et tous les actes illégaux commis avec l'intention de tromper. Ils peuvent être commis pour le bénéfice de l'organisation ou à son détriment, tant

---

[42] IFAC, (2007), Guide pour l'utilisation des Normes Internationales d'Audit dans l'Audit des Petites et Moyennes Entreprises, Tunis, p. 37.

[43] Décision n° DG/DGDA/DG/2011/296 du 11 aout 2011 portant mesures d'application de l'Ordonnance-loi n°10/002 du 20 aout 2010 portant Code des douanes.

par les employés de l'organisation que par des personnes extérieures[44].

s. Informations :

Toutes données, qu'elles soient ou non traitées ou analysées, ainsi que les documents, rapports et autres communiqués sous tout format, y compris leurs copies électroniques, certifiées ou authentifiées.

t. Mainlevée :

Elle consiste en une autorisation accordée par la douane à l'opérateur économique ou son représentant pour enlever ses marchandises des installations douanières ; l'acte par lequel la douane permet aux intéressés de disposer de la marchandise qui fait l'objet d'un dédouanement ou d'une saisie.

u. Renseignement :

Un produit dérivé de la collecte et du traitement d'informations pertinentes, qui sert de base à la prise de décision de l'utilisateur.

v. Risque :

Effet de l'incertitude sur les objectifs ; possibilité que se produise un événement susceptible d'avoir un impact sur la réalisation des objectifs. Le risque se mesure en termes de conséquences et de probabilités ou occurrence.

En d'autres termes, il n'y a de risque que par rapport à l'atteinte d'un objectif ou plus précisément par rapport à la conséquence dommageable de ce risque quant à la l'atteinte d'un objectif.

Le risque est un concept désignant la possibilité que la combinaison d'un événement incertain et d'un mode de fonctionnement aléatoire ait pour conséquence la non -atteinte d'un objectif[45].

w. Analyse des risques :

L'analyse des risques se définit comme l'utilisation systématique des renseignements disponibles afin d'établir avec

[44] Bertin Élisabeth & Compagnie, Op. Cit, p. 247.

[45] SERE Souleymane, (2018), Mise en œuvre de l'audit et du contrôle internes, séminaire de formation professionnelle des acteurs impliqués, Kinshasa, p.11.

quelle fréquence des risques donnés peuvent se manifester et l'étendue de leurs conséquences probables.

x. Évaluation des risques[46] :

C'est la définition systématique des priorités en matière de gestion des risques reposant sur l'évaluation du degré de risque, notamment en fonction de normes et niveaux de risque préétablis.

y. Gestion des risques :

Il s'agit d'une technique qui aboutit à la sélectivité des contrôles en douane et qui a comme principe : moins contrôler et mieux contrôler. La gestion des risques est l'ensemble d'activités coordonnées par les administrations en vue de traiter et de contrôler les risques. C'est l'application systématique des pratiques et procédures en matière de gestion permettant à la douane de recueillir les renseignements nécessaires au traitement des mouvements de marchandises qui présentent un risque.

z. Ciblage :

Sélection, en vue d'un examen ou audit, d'un envoi, d'un passager, d'une transaction, d'une entité ou d'un moyen de transport particulier sur la base de l'analyse des risques, de l'établissement de profils, du contrôle documentaire, d'observations et de techniques d'interrogation. Remarque : Le terme « sélection » est parfois utilisé à la place de « ciblage ».

aa. Sélectivité :

C'est un système consistant à identifier les opérations présentant un risque et susceptible de faire l'objet de contrôle.

---

[46] Décision n° DG/DGDA/DG/2011/296 du 11 aout 2011, Op. Cit.

II.
Mise en parallèle des attributions de la Direction de l'audit interne et de la Direction de la brigade et lutte contre la fraude

II.1. Introduction

Parmi les leviers économiques essentiels destinés à offrir à la République Démocratique du Congo des moyens de sa politique économico-financière figure en bonne place la Direction Générale des Douanes et Accises (DGDA). Régie financière de première importance, cette administration douanière se positionne, à ce titre, dans le dispositif stratégique de mobilisation des recettes de l'Etat, comme le chainon principal de la fiscalité congolaise[47].

Avant de nous appesantir sur les attributions des directions de l'audit interne et de la brigade, il nous semble utile de nous livrer à un bref aperçu sur l'institution douanière au travers de ses missions classiques.

II.1.1. Missions de la douane

La douane exerce, en fait, une triple mission :

1) tout d'abord, une mission fiscale, puisqu'elle perçoit chaque année plus de 40 % des recettes internes de l'Etat ;
2) dans le prolongement de cette mission, la douane joue un rôle économique important. Sur la base des règles fixées pour le commerce international, elle assure en effet la régulation des flux commerciaux avec trois objectifs : la fluidité, la sécurité, la qualité, et ce, grâce à des procédures adaptées aux besoins des entreprises ;
3) la douane assure, également, une mission de protection et surveillance de l'espace national et de lutte contre la fraude et

[47] Tenday Lupumba Alain, Op. Cit, p.13.

les grands trafics internationaux : elle a en charge la protection des intérêts économiques et financiers nationaux.

Depuis peu, une autre mission lui a été assignée : la protection de l'environnement conformément aux conventions internationales.

Dans les conditions prévues par les lois et règlements, la Direction Générale des Douanes et Accises exerce sur l'étendue du territoire national toutes les missions et prérogatives relatives à l'application des législations douanière et accisienne, ainsi qu'à celle de tous autres textes légaux et réglementaires liés à l'importation ou l'exportation, au transit et au séjour des marchandises en entrepôt de douane.

La Direction Générale des Douanes et Accises est chargée de[48] :

- percevoir les droits, taxes et redevances à caractère douanier et fiscal, présents et à venir, qui sont dus soit du fait de l'importation ou de l'exportation des marchandises de toute nature, soit du fait de leur transit ou de leur séjour en entrepôt douanier;
- percevoir les droits d'accises et de consommation présents et à venir;
- classifier les marchandises ;
- déterminer l'origine des marchandises;
- déterminer la valeur en douane des marchandises à l'importation et à l'exportation;
- contrôler les prix ex-usine des produits d'accises ;
- concevoir et mettre en œuvre les mesures visant la facilitation et la sécurisation des échanges commerciaux, ainsi que celles relatives à la production locale des produits d'accises ;
- renforcer les capacités du personnel aux techniques modernes de gestion dans le domaine des douanes et accises ;
- protéger l'espace économique national en particulier par l'application des normes aux frontières ;

---

[48] Ministre des Finances, (2011), Cadre organique de la DGDA, septembre 2011 : Arrêté ministériel n°50CAB/MIN/FINANCES/2011 du 11 septembre 2011 fixant les délimitations des emplois des subdivisions douanières et des fonctions au sein du cadre organique de la Direction Générale des Douanes et Accises.

- appliquer les législations connexes aux frontières concernant la protection de l'environnement conformément aux conventions internationales;
- protéger la société par la lutte contre le trafic illicite des marchandises dangereuses et des déchets toxiques, des produits qui appauvrissent la couche d'ozone;
- mettre en œuvre les mesures de protection de la chaîne logistique internationale;
- participer à la politique d'intégration du pays dans les communautés économiques régionales;
- surveiller les frontières nationales et les fabriques des produits d'accises;
- lutter contre le terrorisme et la criminalité transfrontalière organisée;
- lutter contre le blanchiment d'argent;
- rechercher et constater les infractions en matière des douanes et d'accises et aux législations connexes;
- lutter contre la contrefaçon et autres atteintes aux droits de la propriété industrielle, intellectuelle et artistique;
- établir et publier les statistiques du commerce extérieur sur la base des données collectées lors du dédouanement des marchandises.

Il sied de rappeler que les droits de douane sont un impôt prélevé sur une marchandise importée ou exportée lors de son passage à la frontière. Ces droits peuvent être forfaitaires ou droits « spécifiques » (généralement perçus sur la quantité, le poids, le nombre, le volume, la longueur, la surface, etc.) ou représenter un pourcentage de la valeur ou droits « *ad valorem* »[49]. Leur rôle est d'assurer la protection de la production nationale sur le marché intérieur. C'est pourquoi, les droits de douane constituent, dans le cas précis *ad valorem,* l'un des principaux instruments du protectionnisme. Les droits de douane désignent donc les taxes perçues par l'administration douanière dans le cadre de ses activités.

---

[49] Mpoy Kadima Godé, (2012), La rationalisation du système fiscal et douanier comme mécanisme relanceur de l'économie, Kinshasa, Edition : Universitaires Africaines, p.67.

Pour connaître le montant des droits à l'importation à payer, l'administration se base sur quatre éléments distincts :

Eléments	Commentaires
1 Valeur de la marchandise	En règle générale, la douane retient la valeur transactionnelle, c'est-à-dire le prix payé ou à payer pour la marchandise importée au lieu d'introduction. Elle est souvent différente de la valeur commerciale, l'écart venant du coût du transport, de l'assurance, des commissions etc., pris en compte et des autres réajustements effectués selon les différentes méthodes d'évaluation. Cette valeur a la caractéristique d'être neutre et conforme aux réalités commerciales. Les méthodes d'évaluation utilisées pour sa détermination offrent toutes les garanties pour qu'elle soit bien cernée. Ainsi, la détermination de la valeur repose sur 6 méthodes d'évaluation et leur ordre d'utilisation est contraignant : 1. Méthode transactionnelle ; 2. Méthode transactionnelle des marchandises identiques ; 3. Méthode transactionnelle des marchandises similaires ; 4. Méthode déductible ; 5. Méthode calculée ; 6. Méthode de dernier recours.
2 Espèce tarifaire	C'est la dénomination de la marchandise, selon les termes du tarif des douanes, élaboré selon les termes de la nomenclature du système de codification des marchandises de l'OMD. Ce système, à 6 chiffres, a la particularité de codifier les produits méthodiquement selon le degré d'élaboration de ces derniers. Ainsi, la classification s'opère de la matière première en passant par le produit semi-ouvré, au produit fini. Le tarif de la RD Congo est établi sur base de ces éléments avec des sous-positions nationales à 2 chiffres. La classification tarifaire qui détermine le taux à appliquer à la valeur en douane pour le paiement des droits et taxes est effectuée selon les règles du tarif qui contiennent 6 notes générales pour l'interprétation de la nomenclature, les notes de sections, de chapitres, de positions, etc.

Eléments	Commentaires
3 Origine de la marchandise	Elle ne doit pas être confondue avec la provenance qui est un élément important dans l'octroi du privilège que confère l'origine. En effet, sa rupture ou le non-respect de l'itinéraire l'instituant, fait perdre le privilège de l'origine. L'origine donc d'un produit est définie selon des règles nationales et/ou conventionnelles. La quasi-totalité des pays s'accorde sur sa définition s'il s'agit des produits extraits du sol, des produits récoltés, etc., dans un pays ; mais les différences apparaissent dès lors où les produits sont manufacturés, fabriqués, mélangés. D'où des définitions souvent conventionnelles résultant d'accords commerciaux, tarifaires (bilatéraux, multilatéraux), d'intégration économique (zone de libre-échange, union douanière, marché commun, union économique et monétaire viennent élargir l'éventail et enrichir son domaine). Les préférences tarifaires conférées peuvent comporter des droits réduits (ex : système de préférence généralisé - SPG) jusqu'aux droits nuls (0%) ou augmentés temporairement (ex : droits anti-dumping). Le régime de la destination particulière permet de bénéficier de réduction ou de suspensions de droits, si la marchandise est affectée à une destination réglementaire prévue... Le certificat d'origine constitue un passeport indispensable de la marchandise pour le traitement privilégié, même les dispenses des formalités du commerce extérieur et des changes, certaines prohibitions peuvent être prises selon l'origine des produits.
4 Prix du transport	A l'importation, le coût du transport jusqu'à l'entrée dans le pays supporté par l'acheteur, selon l'incoterm de vente, entre dans l'assiette du calcul des droits de douane.

Les droits de douane[50] doivent être distingués des taxes nationales, comme la Taxe sur la Valeur Ajoutée (TVA), que l'importateur doit également payer. Précisons que l'assiette de

---

[50] Par Droits d'entrée en RD Congo, il faut comprendre les Droits de douane majorés de la taxe sur la valeur ajoutée à l'importation et des droits de consommations, les droits spécifiques et les droits spéciaux éventuels.

calcul de la TVA est la valeur de la marchandise augmentée des droits de douane.

En 1968, pour des raisons fiscales, l'Ordonnance-Loi n°68-010 du 06 janvier 1968, relative aux droits d'accises et de consommation et au régime des boissons alcooliques et l'Arrêté ministériel du 06 janvier 1968 relatif aux droits d'accises et de consommation furent promulgués. Cette Ordonnance-Loi a été modifié successivement par la Loi n°08/002 du 16 mai 2008, modifiant et complétant l'Ordonnance-Loi n°68-010 du 06 janvier 1968 relative aux droits d'accises et de consommation et au régime des boissons alcooliques, par l'Ordonnance-Loi n° 18/002 du 13 mars 2018 portant Code des accises et enfin par l'Ordonnance-Loi n° 18/002 du 13 mars 2018 portant Code des accises.

Dans cet ordre, la douane est habilitée à percevoir les droits dont le fait générateur est l'importation et la production sur le territoire de la République des biens de consommation. Pour des raisons fiscales, de cinq produits taxés jadis, le nombre de produits soumis au paiement des droits d'accises est actuellement de soixante-seize, auxquels il faudra ajouter, en ce qui concerne les télécommunications, l'accès à internet, les data, la messagerie et la voix, soit quatre-vingt produis désignés.

II.1.2. Cadre organique de la DGDA

Le cadre organique renseigne que la DGDA comprend 12 directions provinciales, 16 directions centrales et 5 bureaux de représentation. L'organisation territoriale s'articule autour de 12 directions provinciales, ne coïncidant pas nécessairement avec le découpage administratif[51]. Celle-ci s'articule en fonction de l'importance de l'activité douanière et de l'efficacité.

Les directions provinciales :

1) Province du Bandundu ;
2) Province de l'Equateur ;
3) Province du Kasaï Occidental ;
4) Province du Kasaï Oriental ;
5) Province du Katanga ;

---

[51] Source : DGDA-DRH : Le découpage administratif de la RD Congo en 26 provinces va certainement influer sur le futur réaménagement territorial de la DGDA, car une étude de faisabilité est en cours.

6) Province de Kinshasa-Aéroport ;
7) Province de Kinshasa-ville ;
8) Province du Kongo Central ;
9) Province du Maniema ;
10) Province du Nord-Kivu ;
11) Province du Sud-Kivu ;
12) Province Orientale ;

Les directions centrales :

13) Direction du Bureau de Coordination, (BCO) ;
14) Direction des Affaires Juridiques et Contentieuses, (DAJC) ;
15) Direction de la Brigade douanière et Lutte contre la Fraude, (DBLF) ;
16) Direction des Huiles Minérales, (DHM) ;
17) Direction des Autres Produits d'Accises, (DAPA) ;
18) Direction de l'Audit Interne, (DAI) ;
19) Direction de la Réglementation et de la Facilitation, (DRF) ;
20) Direction des Finances Internes, (DFI) ;
21) Direction des Ressources Humaines, (DRH) ;
22) Direction des Equipements et Logistique, (DEL) ;
23) Direction de la Valeur, (DV) ;
24) Direction du Tarif et Règles d'Origine, (DTRO) ;
25) Direction des Recettes du Trésor, (DRT) ;
26) Direction de Réforme et Modernisation, (DRM) ;
27) Direction des Statistiques et Documentation, (DSD) ;
28) Direction des Systèmes et Technologies de l'Information, (DSTI) ; et

Les représentations :

1) Représentation DGDA / OMD à Bruxelles, Belgique ;
2) Représentation DGDA / à Mombasa, Kenya ;
3) Représentation DGDA / à Dar Es Salaam, Tanzanie ;
4) Représentation DGDA / BRLR à Douala, Cameroun ;
5) Représentation DGDA / à Kampala, Ouganda.

II.2. Mise en parallèle des attributions de la Direction de l'Audit Interne par rapport à celles de la Direction de la Brigade douanière et Lutte contre la Fraude

Les points II.2.1 et II.2.2 égrènent les fonctions de ces deux directions conformément au cadre organique, tandis que le point II.2.3 met en exergue les particularités susceptibles de générer des confusions à la lumière des concepts qui très proches.

II.2.1. Direction de l'Audit Interne

Cette direction a comme attributions de :

- élaborer les éléments du plan d'audit de management ;
- appliquer le plan d'audit annuel approuvé de management ;
- préparer les éléments du plan d'audit annuel en matière de contrôle de gestion ;
- appliquer le plan d'audit annuel approuvé de contrôle de gestion ;
- contrôler la régularité et la célérité de l'application des lois, règlements, instructions, circulaires, notes de service, des échéanciers, des tableaux de bord ainsi que des différentes procédures établies afin de permettre à la douane d'atteindre les objectifs qui lui sont assignés par le Gouvernement ;
- évaluer les procédures et les méthodes de gestion ou de fonctionnement des services afin de recommander les mesures nécessaires à l'amélioration des performances de la douane (contrôles techniques, financiers, missions ponctuelles) ;
- protéger l'intégrité du patrimoine de la douane ; à ce titre, la Direction de l'Audit Interne :
    - vérifie à des intervalles réguliers que les procédures, les normes, les instructions et les politiques établies par la Direction générale ont pour objectif de protéger et de sauvegarder le patrimoine, d'assurer la fiabilité et le bon enregistrement des informations liées à la gestion et devant aboutir à une présentation sincère et régulière des états financiers ;
    - vérifie leur mise en application ;
    - évalue le caractère opérationnel des procédures en place ;

- formule des recommandations appropriées à la Direction générale en vue d'une meilleure gestion du patrimoine ;
- conseille la Direction générale et les Directions provinciales en matière de gestion du patrimoine ;
- veille à l'utilisation rationnelle des ressources ;

- exploiter les tableaux de bord mensuels émanant des différents services ;
- exploiter les rapports mensuels d'activités des services ;
- exploiter les différents rapports des missions effectuées tant à l'intérieur qu'à l'extérieur du pays ;
- contrôler les systèmes informatiques (avec possibilité de recourir à une expertise extérieure).

II.2.2. Direction de la Brigade douanière et Lutte contre la Fraude

La douane a été dotée d'un service spécialisé dans la lutte contre la fraude par l'Ordonnance nº 78-302 du 6 janvier 1978 portant création de la Brigade douanière.
Ainsi créée dans une optique plus ambitieuse et coercitive, la Brigade douanière, en tant que corps spécialisé de la douane, remplit les missions suivantes :

- la surveillance des frontières douanières nationales ;
- la prévention et la recherche de la fraude douanière sur toute l'étendue du territoire douanier de la République ;
- la protection du patrimoine ;
- le partenariat avec les services extérieurs.

Avec la mondialisation, la douane se devait de s'adapter ainsi les tâches suivantes lui ont été confiées au regard de l'arrêté ministériel N° 50 CAB/MIN/FINANCES/2011 du 11 septembre 2011 fixant les délimitations des emplois des subdivisions douanières et des fonctions au sein du cadre organique de la Direction Générale des Douanes et Accises :

- assurer la mise en œuvre du dispositif général de collecte et de traitement de renseignements en matière de fraude ;
- participer à la constitution d'une base de données générale en matière de lutte contre la fraude et la criminalité transnationale organisée et s'assurer de la tenue d'un fichier contentieux national (contrevenants et infractions) ;

- centraliser les données relatives aux réunions nationales et internationales sur la lutte contre la fraude et la criminalité transnationale organisée ;
- mener des études sur les principaux trafics d'importation et d'exportation ;
- concevoir et mettre en œuvre un système d'analyse et de gestion des risques ;
- exploiter les rapports des services internes et externes en matière de fraude ;
- exploiter la base de données générale en matière de lutte contre la fraude et la criminalité transnationale organisée ;
- centraliser les données relatives aux réunions nationales et internationales sur la gestion des risques ;
- superviser l'élaboration et la mise en œuvre ide la politique nationale de lutte contre la fraude et la criminalité transnationale organisée (mesures règlementaires, notamment les manuels de procédures en matière de contrôles) ;
- veiller à la mise en œuvre de la politique nationale de lutte contre les violations des droits de la propriété intellectuelle ;
- s'assurer de la planification et du suivi des contrôles en matière de lutte contre la fraude ;
- orienter l'action de la brigade douanière ;
- superviser la conception et l'élaboration des projets d'accords d'assistance mutuelle en matière administrative ;
- participer aux réunions nationales et internationales sur la lutte contre la fraude et la criminalité transfrontalière organisée ;
- concevoir et superviser la mise en œuvre de la politique du contrôle a posteriori ;
- orienter l'action des services provinciaux de contrôle a posteriori ;
- superviser le contrôle a posteriori des opérations de dédouanement sur la base des déclarations de marchandises ;
- veiller à l'utilisation et à l'exploitation du fichier valeur national à des fins de contrôle a posteriori ;
- veiller à la centralisation et à l'exploitation des données émanant des échelons déconcentrés ;

- superviser l'exploitation des différentes bases de données à des fins de contrôle.

II.2.3. Mise en comparaison entre les deux directions

Il ressort clairement que la Direction de l'Audit Interne est chargée du contrôle de gestion et du contrôle interne tandis que la Direction de la Brigade douanière et Lutte contre la Fraude s'occupe, entre autres, du contrôle a posteriori.
Le contrôle de gestion est défini comme une vérification et une maitrise des rouages de gestion d'une entreprise ou tout contrôle ; Il a une portée plus générale.

R. Anthony[52], définit le contrôle de gestion en 1965, de la manière suivante : « Le contrôle de gestion est le processus par lequel les dirigeants s'assurent que les ressources sont obtenues et utilisées avec efficacité (par rapport aux objectifs) et efficience (par rapport aux moyens employés) pour réaliser les objectifs de l'organisation. »

En bref, le contrôle de gestion est la vérification de l'information et la maitrise des rouages de l'entreprise afin d'atteindre les objectifs de performance.

Par contre, le contrôle a posteriori ou audit a posteriori[53], désigne le contrôle fondé sur un audit effectué après la mainlevée des marchandises par la douane. Le but est de vérifier la justesse et l'authenticité des déclarations en contrôlant les données commerciales des négociants, leurs systèmes opérationnels, leurs archives et leurs comptabilités. Ces audits peuvent prendre place dans les locaux du négociant, et peuvent prendre en compte les transactions individuelles, soit un audit « fondé sur la transaction », ou porter sur les importations et/ou les exportations effectuées durant une certaine période de temps, soit un audit « fondé sur l'entreprise ».

Le contrôle a posteriori doit être distingué de l'audit interne, qui constitue un mécanisme de vérification et de révision, mené soit

---

[52] Cité par Ngoma ya Nzuzi Daniel, (2015), Op ; Cit., Robert Anthony : Père du contrôle de gestion.

[53]CNUCED, (2011), Note technique n° 5, Fonds d'affectation spéciale pour les négociations sur la facilitation du commerce, janvier.

par une entreprise pour réviser ses propres procédures internes, soit par la douane pour réviser ses propres règles et procédures. Les audits internes peuvent se révéler utiles à des fins de gestion et forment une partie importante d'un programme d'éthique mais elles sont sensiblement différentes de la notion de contrôle a posteriori[54].

II.3. Evaluation de l'apport des contrôles a priori dans la collecte de recettes

Le système fiscal congolais étant déclaratif, l'apport des contrôles a priori qui sont considérés comme un effort de service, ne peut être évalué qu'à la hauteur et au volume des recettes contentieuses d'infractions en matière douanière ou accisienne établis par l'administration douanière.

Les tableaux ci-dessous nous permettront d'analyser la contribution des recettes contentieuses par rapport à l'ensemble des recettes de la DGDA :

[54] OMD, (2012), Directives aux fins du contrôle a posteriori, juin.

Tableau 1 : Recettes de la DGDA de 2010 à 2015 / en 000 000 CDF

Année	Janvier	Février	Mars	Avril	Mai	Juin
2010	41 539,76	40 250,42	46 299,03	47 459,68	45 302,35	51 244,54
2011	52 304,55	54 224,62	66 049,44	70 041,86	61 016,30	61 453,15
2012	72 083,75	96 751,38	92 096,97	86 089,28	87 147,28	88 587,18
2013	86 516,46	100 024,84	121 119,38	121 949,94	133 807,82	114 962,41
2014	127 915,59	121 108,79	127 828,33	139 774,86	130 571,42	123 849,29
2015	125 562,36	131 194,52	138 698,87	146 120,88	144 170,81	139 697,02

	Juillet	Août	Septembre	Octobre	Novembre	Décembre	Total
2010	49 168,81	50 052,08	49 916,06	49 213,21	59 593,94	69 903,99	**599 943,88**
2011	79 593,18	70 571,18	84 545,15	78 801,63	69 747,09	65 600,54	**813 948,68**
2012	84 101,87	100 767,99	94 847,47	101 757,87	99 268,38	99 035,01	**1 102 534,42**
2013	135 220,70	131 825,39	128 464,43	134 042,56	132 069,24	112 907,08	**1 452 910,25**
2014	146 227,70	115 614,73	103 920,05	146 513,86	118 911,74	144 517,73	**1 546 754,10**
2015	142 758,20	136 374,60	133 160,00	133 097,80	111 562,73	116 277,24	**1 598 675,03**

Source : DGDA / DRT

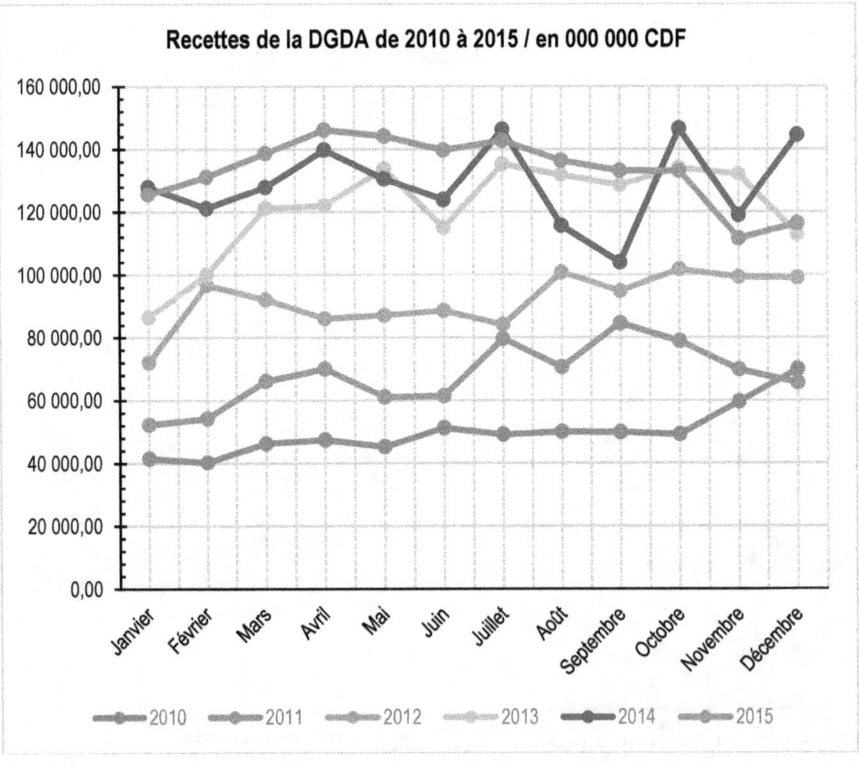

Tableau 2 : Recettes contentieuses de la DGDA de 2010 à 2015 / en 000 000 CDF

Année	Janvier	Février	Mars	Avril	Mai	Juin
2010	3,84	19,66	21,66	40,72	125,81	123,73
2011	175,17	122,81	180,67	62,38	97,51	75,49
2012	59,55	136,76	1 076,79	30,03	436,25	292,62
2013	53,27	576,03	78,73	116,12	78,85	144,70
2014	126,03	681,14	88,50	39,77	71,51	78,44
2015	50,36	340,45	337,26	363,14	206,81	319,49

	Juillet	Août	Septembre	Octobre	Novembre	Décembre	Total
2010	62,37	35,43	140,10	598,35	49,45	339,46	**1 560,60**
2011	884,44	4 387,69	173,53	404,55	40,45	336,26	**6 940,96**
2012	339,77	299,99	280,21	295,95	56,64	56,60	**3 361,15**
2013	121,69	44,96	115,61	37,48	44,39	11,61	**1 423,44**
2014	199,35	128,62	159,37	92,45	173,10	508,15	**2 346,43**
2015	155,80	54,55	66,37	35,09	2 078,87	84,87	**4 093,07**

Source : DGDA / DAJC - DRT

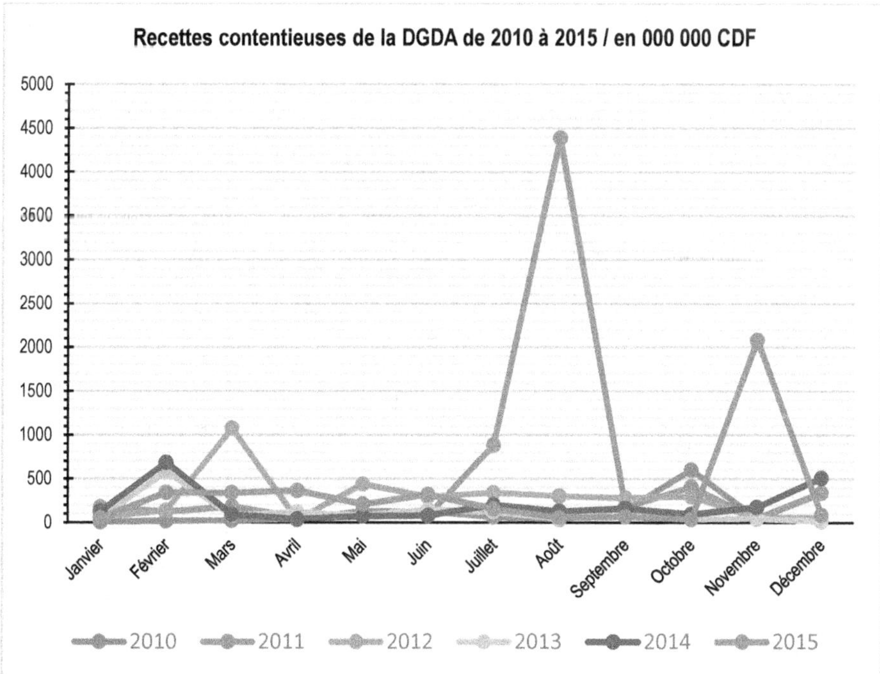

Tableau 3. Productivité ou Pourcentage des amendes et pénalités par rapport aux recettes douanières de 2010 à 2015

Année	Janv.	Févr.	Mars	Avril	Mai	Juin
2010	0,01%	0,05%	0,05%	0,09%	0,28%	0,24%
2011	0,33%	0,23%	0,27%	0,09%	0,16%	0,12%
2012	0,08%	0,14%	1,17%	0,03%	0,50%	0,33%
2013	0,06%	0,58%	0,07%	0,10%	0,06%	0,13%
2014	0,10%	0,56%	0,07%	0,03%	0,05%	0,06%
2015	0,04%	0,26%	0,24%	0,25%	0,14%	0,23%

	Juillet	Août	Septembre	Octobre	Novembre	Décembre	Total
2010	0,13%	0,07%	0,28%	1,22%	0,08%	0,49%	**0,26%**
2011	1,11%	6,22%	0,21%	0,51%	0,06%	0,51%	**0,85%**
2012	0,40%	0,30%	0,30%	0,29%	0,06%	0,06%	**0,30%**
2013	0,09%	0,03%	0,09%	0,03%	0,03%	0,01%	**0,10%**
2014	0,14%	0,11%	0,15%	0,06%	0,15%	0,35%	**0,15%**
2015	0,11%	0,04%	0,05%	0,03%	1,86%	0,07%	**0,26%**
MOYENNE							**0,32%**

Source : Calculé sur la base des données de la DGDA / DAJC - DRT

Tableau 4. Nombre de PV d'infractions en matière douanière et accisienne conclus de 2010 à 2015

Année	Janv.	Févr.	Mars	Avr	Mai	Juin	Juillet	Août	Septembre	Octobre	Novembre	Décembre	Total
2010	2	26	35	3	13	7	24	15	3	7	5	4	**144**
2011	4	11	9	6	10	9	21	8	10	25	5	1	**119**
2012	24	17	8	1	14	31	19	4	6	4	45	76	**249**
2013	7	6	51	55	13	0	4	4	47	29	4	49	**269**
2014	29	41	9	24	82	23	9	20	29	15	20	11	**312**
2015	1	8	-	23	2	16	8	18	16	1	8	14	**115**

Source : DGDA / DAJC

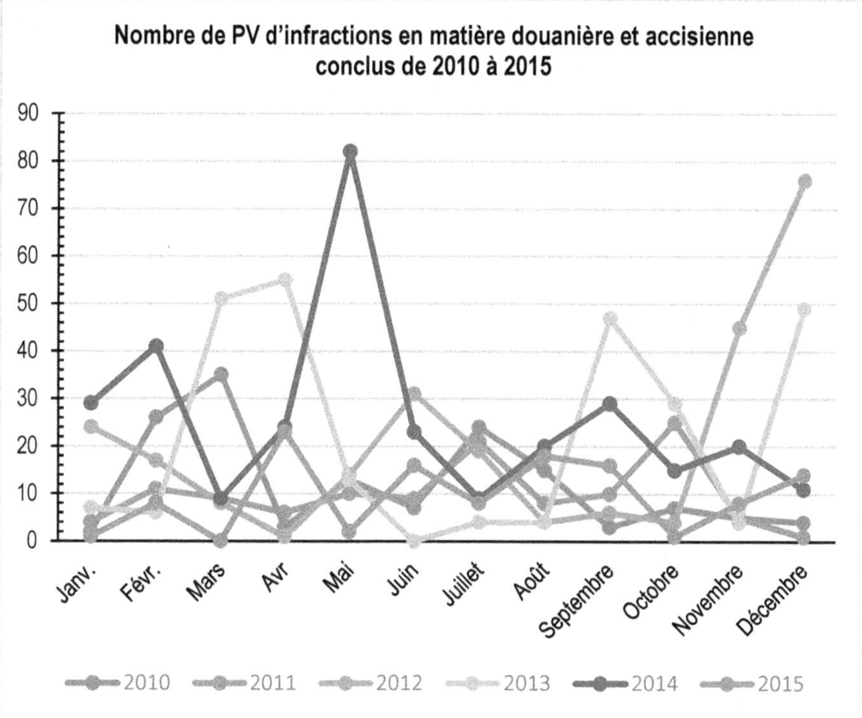

Toute chose restant égale par ailleurs, considérant que les recettes contentieuses réalisées par l'administration douanière ont un indicateur d'efficacité, d'efficience, de rendement et de performance des services, considérant que les opérations de contrôle en douane concourent à l'amélioration de la productivité[55] de la collecte des recettes, Il appert, au regard des tableaux ci-dessus, que la part des recettes contentieuses (amendes et pénalités) ne représente guère pas plus de 0,5 % des recettes globales, et la DGDA ne fait aboutir qu' un (01) Procès-verbal d'infraction en matière douanière ou accisienne tous les deux (02)

---

[55]FOURASTIE Jean, (1952), La productivité, Paris, Edition : PUF : Collection Que sais-je ? N° 557. Il définit la productivité comme le degré de contribution d'un ou de plusieurs facteurs de production (facteurs matériels consommés ou facteurs immatériels mis en œuvre) à la variation du résultat final dégagé par un processus de transformation. La productivité est en lien avec les notions de rendement, d'efficacité, et d'efficience. La productivité a un rôle clé dans la compréhension de la façon dont les actions humaines (à l'échelon micro ou macro) contribuent au progrès, au développement et à la croissance économique.

jours, soit une moyenne de 240 PV sur ±280.000 déclarations annuelles !!!
Selon la Direction des Affaires Juridiques et Contentieuses, les infractions les plus constatées sont, notamment les suivantes :
- la contrebande à l'importation ou à l'exportation des produits d'accises (douane & accises) ;
- la soustraction des marchandises au paiement des droits et taxes (douane) ;
- le transfert illégal des fonds et la fraude sur la licence d'importation ou d'exportation (douane) ;
- le détournement de régime de marchandises de leur destination privilégiée (douane & accises) ;
- la fausse déclaration dans l'espèce et la valeur (douane ou accises) ;
- la fausse déclaration de toute ou d'une partie de la production (accises).

Par ailleurs, il faut remarquer que tous les dossiers contentieux qui ont abouti ne concernent pas seulement le contrôle a priori. En effet, plusieurs dossiers établis après la mainlevée des marchandises se retrouvent parmi ceux qui ont abouti. Dès lors que le contrôle a posteriori fonctionne déjà mais pas comme il se doit. En effet, plusieurs missions, particulièrement les missions mixtes DGDA-DGI, se font déjà en entreprise ; il en est de même des contrôles de destination et de mise en œuvre ainsi que des contrôles effectués sur base de dénonciation.

Les dossiers contentieux ayant abouti comme indicateur retenu, dépendent plus du niveau de recouvrement des dossiers contentieux pour lequel, il y a lieu d'épingler plusieurs pesanteurs :
- l'interférence des autres institutions dans l'instruction des dossiers contentieux (cas de la justice) ;
- le manque de suivi strict des délais prescrits par les textes en matière de recouvrement contentieux ;
- la non-application des dispositions en matière de recouvrement contentieux (Le Code des douanes demande de recourir à toutes les voies de droit, notamment la rétention des marchandises, l'avis aux tiers détenteurs, le recours au pouvoir d'un organe poursuivant l'identification du patrimoine, etc.)

Une analyse plus affinée de l'impact des contrôles a priori et a posteriori est faite en se référant à l'analyse des modifications de déclarations intervenues dans SYDONIA.
Certaines pratiques liées au contrôle douanier a priori, notamment les modifications des déclarations douanières et les réroutages vers le circuit rouge, ont contribué à un accroissement des recettes en franc congolais courant[56].

Cependant, l'efficacité du contrôle douanier, au regard de la moyenne des droits et taxes recouvrés rapportés au nombre de modifications, est non significative. En effet, en 2015, pour 12 669 modifications réalisées, la moyenne des droits et taxes recouvrés est de – 1 400 948,47 CDF ; en 2016, pour 23 795 modifications réalisées, la moyenne des droits et taxes recouvrés est de 2 846 304,66 CDF, et en 2017, pour 23 798 modifications réalisées, la moyenne des droits et taxes recouvrés est de 2 846 694,03 CDF.

Il est bon de constater que durant la période triennale, 2015-2017, le suivi des pratiques liées au contrôle douanier a priori, affiche un frémissement à consolider, car ces pratiques n'ont pas apporté de recettes additionnelles dans les proportions attendues. Un fait majeur observé grâce à l'indicateur efficacité des contrôles par intervenant, est l'inefficacité ou l'inutilité de certaines modifications. En outre, le réroutage de déclarations préalablement sélectionnées jaunes vers le rouge est inefficace en ce qu'il n'apporte pas de recettes dans les proportions attendues, pourtant le phénomène est important.

On en déduit que le contrôle a priori n'a pas permis d'améliorer la performance du recouvrement de la dette douanière dans le sens d'une plus grande efficacité des services de la douane. Il est ainsi clairement établi, en toute objectivité, que l'effort de service ou la productivité dans la collecte de recettes réalisées, grâce au contrôle a priori, est défaillant.

Pour relever le défi, la DGDA doit changer le fusil d'épaule en mettant en place un mécanisme dynamique et moderne, assis, entre autres sur :

- les exigences de la facilitation ;
- les avancées des TIC ;

[56] Cfr. Cahier de la performance, analyse transversale 2015-2017, publié par la DGDA dans le cadre du projet SYDONIA mesure de la performance (PSMP ou ASYPM).

- les nouvelles normes et pratiques de comptabilité et d'audit financier édictées par l'OHADA ;
- les normes internationales d'information financière « IFRS » ;
- les normes internationales d'audit « ISA », « IFAC », « IAASB »et ;
- en tenant compte des bonnes pratiques relatives aux normes d'audit et d'assurance ainsi qu'aux indications applicables par l'ensemble des professionnels comptables selon un processus de normalisation auquel prennent aussi part le Conseil de supervision de l'intérêt public (Public Interest Oversight Board), qui supervise les activités de l'IAASB, et le Groupe consultatif (Consultative Advisory Group) de l'IAASB, chargé de faire valoir l'intérêt général dans l'élaboration des normes et des indications.

La défaillance du contrôle a priori en RD Congo étant tributaire au problème chronique d'information incertaine et asymétrique et de risque moral, nous préconisons de cibler, de différer, sans aucun risque, les contrôles fiscaux douanier et accisien.
Les autorités ne devraient donc plus avoir de réticences à mettre en place les contrôles a posteriori puisqu'ils ne présentent aucun risque pour les recettes, mais plus les considérer comme un levier pour l'amélioration de la collecte.

Pour ce faire, la Douane doit se doter de moyens adéquats pour bien accomplir les CAP en termes de structures adaptées (équipements dédiés par secteur d'activités : mines, télécoms etc.) et en ressources humaines bien formées.

III.
Contrôle a posteriori (CAP)

III.1. Introduction

Dans leur domaine d'activité, les administrations des douanes font face à de nombreux risques et problèmes qui peuvent être catégorisés comme suit :

- contrôles – incapacité de détecter et d'éviter l'importation ou l'exportation de marchandises prohibées, trafiquées ou encore contrefaites ;
- recettes – incapacité de percevoir correctement les droits et taxes sur les marchandises ;
- fraude – incapacité de lutter efficacement contre la criminalité transnationale organisée et le blanchiment d'argent; et
- statistiques – incapacité de produire des données exactes ou complètes[57].

Le temps réduit dont dispose la douane ne permet pas le contrôle des marchandises et des documents dans le délai. La première réaction serait d'augmenter le nombre de douaniers, mais si cette solution pouvait fonctionner à court terme, en pratique, elle perpétuerait l'inefficacité. En effet, comme il est impossible en pratique de contrôler chaque document, chaque expédition ou chaque voyageur, la douane doit rechercher une solution fondée sur de nouvelles méthodes de travail et de nouvelles procédures.

Les contrôles aux frontières ont et auront toujours un rôle à jouer dans une douane moderne. Cependant, des vérifications excessives et prolongées au point de dédouanement peuvent se révéler contre-productives. Le commerce international moderne s'emploie à réduire les délais et les économies nationales peuvent espérer des retombées favorables d'un dédouanement fluide et

[57] Tenday Lupumba Alain, Op. Cit. p. 68.

rapide des marchandises. De plus, l'essentiel du commerce international est assuré par de grandes entreprises disposant de réseaux mondiaux ainsi que de chaînes logistiques et de systèmes commerciaux complexes.

Le nombre limité de documents exigés au moment de l'importation/exportation ne permet pas de disposer d'une vision complète ou de connaître le contexte d'une transaction commerciale, autant d'éléments qui sont nécessaires pour déterminer, entre autres, la valeur en douane et le classement tarifaire applicables aux marchandises ou encore le droit à bénéficier d'un régime préférentiel en matière d'origine. Il devient donc impossible pour les administrations des douanes de prendre dans des délais aussi courts des décisions définitives sur le paiement des droits. Il n'est pas plus pertinent, à moins de suspecter un cas de fraude, de différer la mainlevée des marchandises dans l'attente d'une réponse à ces questions. Par ailleurs, les contrôles physiques des marchandises importées, opérées souvent de façon systématique par les administrations douanières, constituent l'une des entraves les plus importantes à la facilitation du commerce dans les pays en développement[58].

C'est pourquoi de nombreuses administrations douanières s'attachent aujourd'hui à contrôler l'environnement post-importation, tout en conservant une capacité sélective et ciblée de vérification aux frontières. Ainsi, en matière de facilitation dans le domaine du commerce international, elles favorisent des dédouanements accélérés des marchandises s'inspirant largement des procédures simplifiées et harmonisées permettant la mise en œuvre des instruments de politique douanière de l'OMD, à savoir :

- le système harmonisé de désignation et de codification des marchandises, (SH) ;
- la convention de Kyoto révisée, (CKR), pour la simplification et l'harmonisation des régimes douaniers ;
- la convention d'Istanbul (sur la libre circulation des marchandises à travers les frontières et leur admission temporaire dans le territoire douanier en franchise de droits et taxes) ;

[58] STOVEN Bernard, Op. Cit.

- la convention ATA (sur le carnet ATA pour l'admission temporaire de marchandises) ;
- la déclaration d'Arusha (sur la promotion de l'éthique douanière et la lutte contre la corruption) ;
- le cadre de normes SAFE (sur la sécurisation de la chaine logistique et la sécurisation de la perception des recettes tout en promouvant la facilitation des échanges) ;
- l'article VII des accords du GATT sur l'évaluation en douane des marchandises ; et
- l'Accord sur la Facilitation des Echanges (AFE).

III.2. Généralités sur les CAP

A travers une approche a posteriori basée sur les risques, les douanes sont en mesure de déployer plus efficacement leurs ressources et de travailler en partenariat avec la communauté commerciale afin d'assurer un meilleur respect des lois et de faciliter le commerce.
Le processus de contrôle a posteriori (CAP) peut se définir comme un examen structuré des systèmes commerciaux pertinents d'une entreprise, des contrats de vente, des registres financiers et non financiers, des stocks matériels et autres actifs en vue d'évaluer et d'améliorer le respect des lois[59].

Pour l'OMD[60], la transition, pour passer des contrôles effectués en priorité aux frontières à des contrôles reposant essentiellement sur des CAP, prend généralement plusieurs années, durée nécessaire pour élaborer les nouveaux processus, mettre en place les nouvelles procédures et acquérir les nouvelles compétences. Cependant, la mise en œuvre des CAP n'est pas un processus indépendant ; elle doit s'inscrire dans un contexte plus large de facilitation, prévoyant le recours à des régimes simplifiés de dédouanement aux frontières, des régimes d'entreposage et d'autres régimes douaniers, reposant par exemple sur les relations régulières entre l'entité contrôlée et l'administration des douanes (B2A). Par étapes successives, les contrôles douaniers passent des frontières à un environnement post-importation. Pour certaines

---

[59]Association francophone de comptabilité (AFC) : www.afc-cca.com.
[60] OMD, (2012), Op. Cit.

administrations, la première étape consiste à introduire des contrôles après importation reposant sur la transaction avant de mettre en place des CAP basés sur le respect des lois. Les administrations douanières qui s'engagent sur la voie des CAP peuvent envisager d'adopter une telle démarche selon les recommandations de l'OMD.

III.2.1. Vue d'ensemble du processus des CAP

Le schéma suivant offre une présentation du cycle recommandé pour la planification d'un programme de contrôle dénommé la boucle du CAP :

Schéma 1 : Le cycle de contrôle ou la boucle du CAP

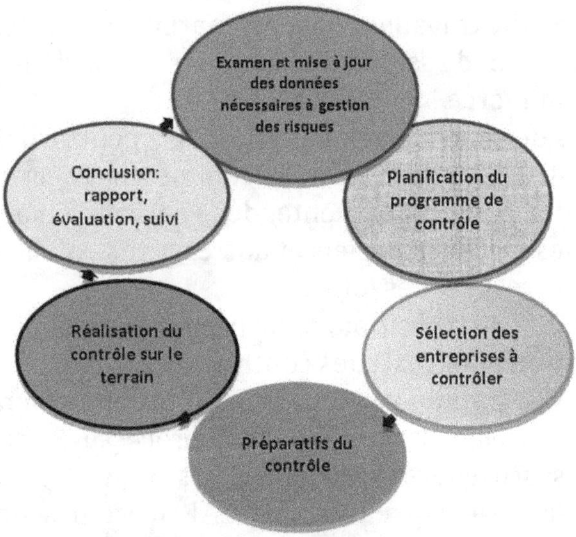

Source : OMD/Directives aux fins du contrôle a posteriori.

1) Examen et mise à jour des données nécessaires à la gestion des risques ;
2) Planification du programme de contrôle ;
3) Sélection des entreprises à contrôler ;
4) Préparatifs du contrôle ;
5) Réalisation du contrôle sur le terrain ;
6) Conclusion : rapport, évaluation, suivi.

ENCADRE 1
La Norme internationale d'audit (ISA) 200, objectifs généraux de l'auditeur indépendant et réalisation d'un audit conforme aux Normes internationales d'audit. *La présente norme internationale d'audit (ISA) porte sur les responsabilités générales de l'auditeur indépendant qui réalise un audit d'états financiers conformément aux normes ISA. Plus précisément, elle expose les objectifs généraux de l'auditeur indépendant et décrit la nature et l'étendue d'un audit conçu pour permettre à l'auditeur indépendant d'atteindre ces objectifs. Elle décrit également le champ d'application, l'autorité et la structure des normes ISA et contient des exigences qui définissent les responsabilités générales qui incombent à l'auditeur indépendant dans tous les audits, dont l'obligation de se conformer aux normes ISA. L'auditeur s'entend ci-après de l'auditeur indépendant.*

III.2.2. Types de contrôle / vérifications

III.2.2.1. Contrôle de la transaction après importation

Comme cela a été mentionné dans les généralités, les administrations qui veulent mettre en place des contrôles après importation peuvent tout d'abord envisager d'instaurer des vérifications sur une transaction donnée. Cette procédure peut se présenter sous deux formes[61] :

a. Un signalement émanant d'un fonctionnaire du poste frontalier qui, lors du dédouanement, doute d'une déclaration spécifique. Si les droits en jeu sont susceptibles d'atteindre un niveau significatif, une demande est alors soumise au bureau des douanes approprié, afin qu'il mène à bien un examen complémentaire de la déclaration, généralement en consultation avec l'importateur. Cet examen peut comporter une visite dans les locaux de l'entreprise. Les marchandises en question peuvent alors être libérées ou d'autres mesures jugées appropriées peuvent être prises.

[61] OMD, (2012), Op. Cit.

b. Une équipe chargée du ciblage procède après le dédouanement à un examen minutieux de chacune des déclarations et choisit celles dont l'exactitude est douteuse. Ces déclarations sont ensuite vérifiées, comme indiqué ci-dessus, généralement en consultation avec l'importateur, et des mesures jugées appropriées sont prises. Dans tous les cas, il est vivement recommandé de recourir à des critères de sélection basés sur les risques afin de déterminer quelles déclarations doivent être vérifiées.
Par la suite, l'administration douanière peut envisager de mettre en place une approche de contrôle basée sur les systèmes, après importation.

III.2.2.2. Contrôle depuis le bureau

Certains contrôles sont effectués par courrier ou par téléphone, généralement lorsqu'il y a une seule question à régler ou lorsque les questions à résoudre sont simples. Un contrôle depuis le bureau peut se révéler pertinent au terme d'une enquête préalable au contrôle.
Bien que les contrôles depuis le bureau ne soient pas aussi approfondis que les contrôles sur le terrain, ils présentent l'avantage d'utiliser moins de ressources et rappellent aux entreprises que la douane surveille leurs activités. Il convient également de noter que les contrôles depuis le bureau peuvent entraîner, le cas échéant, un contrôle ultérieur sur le terrain, permettant d'étudier plus en détail une question spécifique.

III.2.2.3. Contrôle sur le terrain ou sur le site

C'est un contrôle qui se déroule dans les locaux de l'entité contrôlée. La quantité de renseignements que les contrôleurs doivent examiner peut-être importante mais cela dépend de la fréquence des CAP pour une entité donnée. Le contrôle sur le terrain peut fournir un tableau complet de l'entreprise, et notamment de ses systèmes comptables, de ses méthodes de commerce ainsi que de ses partenaires.

III.3. Cadre juridique et opérationnel des CAP

III.3.1. Cadre juridique et principales prérogatives

Afin de faciliter les CAP, il est nécessaire d'appliquer une législation qui offre à la douane la base juridique requise pour mener à bien les contrôles, mais qui fixe aussi les droits et les obligations de l'entité contrôlée. L'administration des douanes doit élaborer des lois et règlements répondant à ses exigences nationales[62].

La législation doit porter sur :

- la définition du champ d'application du CAP (entité soumise au CAP) ;
- les prérogatives des fonctionnaires de la douane/ contrôleurs chargés d'effectuer les CAP;
- les obligations et droits des entités contrôlées ;
- le dispositif pénal ;
- le droit de recours.

En RD Congo, les CAP sont assis sur l'arsenal juridique suivant :

a. Code des douanes : articles 15, 44 et 46 ;
b. Arrêté ministériel n° 016 CAB/MIN/FINANCES/2011 du 11 avril 2011 portant mesures d'application de l'Ordonnance-loi n°10/002 du 20 août 2010 portant Code des douanes : articles 1, 2 et 4 ;
c. Décision n° DG/DGDA/DG/2011/296 du 11 août 2011 portant mesures d'application de l'Ordonnance-loi n°10/002 du 20 août 2010 portant Code des douanes : articles 37, 38, 42 à 54 ;
d. Code des accises : articles 41 - 53 et 68 - 76 ;
   Cet éparpillement cache certaines insuffisances et ne facilite pas une mise en œuvre cohérente des CAP.

[62] OMD, (2012), Op. Cit.

ENCADRE 2

Code des douanes

Article 15 : des contrôles douaniers, notamment e contrôle des mouvements des moyens de transport, des marchandises et des personnes, les contrôles par audit.

Article 44 : du droit d'accès aux locaux et lieux à usage professionnel et des visites domiciliaires

Article 46 : du droit de communication

Arrêté ministériel n° 016 CAB/MIN/FINANCES/2011 du 11 avril 2011

Article 1 : des définitions

Articles 2 & 4 : des contrôles de la douane ;

Décision n° DG/DGDA/DG/2011/296 du 11 aout 2011

Article 41 : de la mise en œuvre des accords d'assistance mutuelle administrative aux fins de contrôle douaniers ;

Article 42 à 51 : des contrôles a posteriori ;

Article 52 : des contrôles des systèmes ;

Article 53 à 54 : de l'utilisation des nouvelles technologies ;

Code des accises

Articles 41 – 53 : de l'examen de la déclaration des produits d'accises ;

Articles 68 – 76 : de la recherche des infractions et du droit de visite.

III.3.1.1. Portée et champ d'application des CAP

La portée et le champ d'application des CAP - déterminent quelles sont les personnes qui peuvent être soumises à un contrôle -doivent être clairement définis dans les lois et règlements douaniers. Toutes les entreprises impliquées dans l'importation et/ou l'exportation de marchandises ou encore dans la réception, le stockage, la fabrication, la production et la livraison de marchandises soumises aux contrôles douaniers et/ou accisiens peuvent faire l'objet du CAP[63].

[63] OMD (2012), Op. Cit.

Il s'agit notamment des intervenants suivants :
- Importateurs/Exportateurs ;
- Fabriques/Opérateurs télécoms (pour les produits d'accises) ;
- Déclarants/Commissionnaires en douane/Transitaires ;
- Destinataires des marchandises importées/exportées ;
- Propriétaires des marchandises importées/exportées ;
- Acquéreurs ultérieurs des marchandises importées/ exportées ;
- Entreposeurs (Agents chargés du stockage des marchandises importées/exportées) ;
- Transporteurs des marchandises importées/exportées ;
- Autres personnes/entreprises qui se trouvent directement/ indirectement impliquées dans la transaction sur les marchandises importées/exportées.

III.3.1.2. Prérogatives des fonctionnaires de la douane

Les lois et règlements douaniers et/ou accisiens doivent permettre aux fonctionnaires de la douane qui effectuent des CAP de disposer des prérogatives requises pour mener à bien un contrôle dans les locaux de l'entité contrôlée.

Ces prérogatives sont, notamment les suivantes :
- le droit d'accéder aux locaux de l'entité contrôlée ;
- le droit d'examiner les registres et les systèmes commerciaux ainsi que les données commerciales en relation avec les déclarations douanières et/ou la fabrication ou la cession des produits d'accises ;
- le droit d'inspecter les locaux de l'entité contrôlée ;
- le droit de confisquer et de conserver les documents et registres commerciaux ;
- le droit d'inspecter les marchandises et/ou les produits d'accises et d'en prélever des échantillons.

ENCADRE 3

La Norme internationale d'audit (ISA) 230, documentation de l'audit, *doit être lue conjointement avec la norme ISA 200, Objectifs généraux de l'auditeur indépendant et réalisation d'un audit conforme aux Normes internationales d'audit.*
La présente norme internationale d'audit (ISA) traite de la responsabilité qui incombe à l'auditeur de préparer la documentation de l'audit des états financiers. Une liste des autres normes ISA qui contiennent des exigences et indications spécifiques en matière de documentation est fournie en annexe. Les obligations de documentation spécifiques énoncées dans les autres normes ISA ne remettent pas en cause l'application de la présente norme. Par ailleurs, des obligations de documentation additionnelles peuvent être imposées par des textes légaux ou réglementaires.

La Norme internationale d'audit (ISA) 300, planification d'un audit d'états financiers, *doit être lue conjointement avec la norme ISA 200, Objectifs généraux de l'auditeur indépendant et réalisation d'un audit conforme aux Normes internationales d'audit.*
La présente norme internationale d'audit (ISA) traite de la responsabilité qui incombe à l'auditeur de planifier un audit d'états financiers. Bien que la norme ait été élaborée en fonction d'audits récurrents, elle comporte une section consacrée aux éléments additionnels à prendre en considération dans le cas d'un audit initial.

La Norme internationale d'audit (ISA) 315 (révisée), compréhension de l'entité et de son environnement aux fins de l'identification et de l'évaluation des risques d'anomalies significatives, *doit être lue conjointement avec la norme ISA 200, Objectifs généraux de l'auditeur indépendant et réalisation d'un audit conforme aux Normes internationales d'audit.*
La présente norme internationale d'audit (ISA) traite de la responsabilité qui incombe à l'auditeur d'acquérir une compréhension de l'entité et de son environnement, y compris de son contrôle interne, afin d'identifier et d'évaluer les risques d'anomalies significatives dans les états financiers.

III.3.1.3. Obligations et droits des entités contrôlées

Les lois et règlements douaniers et/ou accisiens doivent fixer les droits et les obligations des personnes/entreprises impliquées dans le commerce international et/ou la fabrication ou la cession des produits d'accises.
Ces dispositions se présentent notamment sous les formes suivantes :

a. Obligations des entités contrôlées :
    - Obligation de tenir à jour les documents, informations et registres spécifiés. La durée de conservation de ces registres ne doit pas être inférieure à la période maximale durant laquelle la douane peut, après importation/exportées ou fabrication/cession des produits d'accises, exiger le paiement de droits compromis et rembourser les droits payés en trop ;
    - Obligation de mettre rapidement ces documents, informations et registres à la disposition de la douane.

b. Droits des entités contrôlées :
    - Droit de recours[64];
    - Droit d'obtenir de la part de la douane des explications concernant la détermination de la base imposable (Valeur en douane et/ou assiette imposable ou encore chiffre d'affaires pour les produits d'accises)[65];
    - Droit d'attendre un respect de la confidentialité des documents commerciaux ;
    - Droit d'obtenir un dédouanement des marchandises aux frontières et/ou d'obtenir du crédit pour un mois à la fin de la production/livraison en versant une caution[66].

Lorsque la possibilité de contrôle est étendue à d'autres entités que les déclarants et les importateurs, on se demandera si l'obligation de conserver les documents commerciaux, juridiques, administratifs, fiscaux et sociaux peut également concerner

[64] OMD, (1999), Op. Cit. Chapitre 10 et OMC, (1994), Op. Cit., Article 11.
[65] OMC, (1994), Op. Cit., Article 16.
[66] Ibidem, Article 13 et/ou article 62, Code des accises.

l'ensemble des personnes/entreprises concernées par les contrôles. Il s'agit de déterminer s'il est raisonnable d'imposer, aux termes des lois et réglementations douanières, une obligation légale de conservation desdits documents à des personnes/ entreprises autres que celles qui sont étroitement liées aux processus d'importation/exportation, de dédouanement ou de production/cession des produits d'accises, comme par exemple l'importateur/exportateur, un agent en douane, un transporteur, une fabrique, etc. D'autres lois nationales relatives aux activités commerciales (par exemple, la loi sur l'impôt sur le revenu) ou la loi sur la conservation des archives[67], peuvent contenir leurs propres obligations.

L'adéquation des prérogatives des administrations des douanes prévues dans la législation nationale doit faire l'objet d'un examen continu et, le cas échéant, il conviendra de modifier ces prérogatives pour répondre aux nouveaux engagements nationaux et internationaux[68].

D'autres dispositions légales non douanières peuvent se révéler pertinentes et intéressantes pour la douane lors de la mise en œuvre des CAP[69].

Il s'agit par exemple :

- des règlements portant sur les entités commerciales et leurs activités, comme les dispositions du droit commercial, du droit des entreprises, du droit fiscal, etc. ;
- des critères d'attribution des licences d'importation/ d'exportation ;
- des règles relatives au contrôle des devises étrangères, etc. ;
- Des obligations découlant des Résolutions contraignantes du Conseil de sécurité des Nations Unies : Chapitre VII de la Charte des Nations Unies (par exemple, embargos, contrôles des exportations).

---

[67] Loi 78-013 du 11 juillet 1978 portant régime général des archives : obligation de conserver au moins pendant 10 ans, délai de prescription pendant lequel l'administration peut mener des contrôles a posteriori sur tous les documents commerciaux, juridiques, administratifs, fiscaux et sociaux.

[68] CNUCED, (2011), Op. Cit.

[69] OMD, (2012), Op. Cit.

III.3.2. Structure de l'organisation

Les CAP sont en liaison avec de nombreux autres domaines du bureau commercial opérationnel ou de dédouanement, notamment la gestion des risques et le renseignement, la lutte contre la fraude, le recouvrement des créances/recettes et le service juridique. La structure organisationnelle et administrative doit donc tenir compte de cette réalité et faciliter une coopération étroite et une communication efficace entre ces domaines. Le cadre organique de la DGDA regroupe au sien de la DBLF, la sous-direction des renseignements, la sous-direction de planification et stratégie ainsi que la sous-direction du CAP.

Généralement, le programme des CAP est placé sous la conduite d'une équipe centrale chargée de la politique, responsable du programme des contrôles. En fonction des données démographiques propres à un pays spécifique, une administration pourra mettre en place une ou plusieurs unités opérationnelles chargées des CAP. Le personnel de la douane doit pouvoir se rendre dans les locaux d'une entreprise, et la situation géographique des bureaux de la douane tiendra nécessairement compte de cet impératif[70]. Au regard de l'étendue géographique de la RD Congo, le cadre organique prévoit des échelons déconcentrés du CAP en provinces.

Un certain nombre d'administrations ont mis en place des équipes spécialement chargées du contrôle des grandes entreprises. Dans le modèle présenté, des fonctionnaires sont désignés pour intégrer l'équipe et ont pour mission exclusive de veiller au respect continu de la loi par ces grandes entreprises. Il peut également se révéler utile, dans ces équipes, de former des spécialistes pour des secteurs commerciaux spécifiques, par exemple l'industrie automobile, le secteur du textile, l'industrie chimique, les télécommunications, les produits pétroliers, etc. La structure organisationnelle réelle et la répartition des responsabilités pourront varier selon les administrations des douanes concernées.

---

[70] OMD, (2012), Op. Cit.

Pour la RD Congo, afin de faciliter le passage des marchandises à la frontière, il serait indiqué que le processus de vérification ne conserve que deux étapes au lieu de trois ; à savoir : l'inspection proprement dite des marchandises à accomplir par le Vérificateur de grade et de fonction, et le réroutage pour la liquidation à accomplir par l'Inspecteur de grade et de fonction. Quant aux Cadres revêtus du grade de Contrôleur, les affecter au service de contrôle différé et/ou au service de contrôle a posteriori en province. En effet, l'arrête ministériel N° 50 CAB/MIN/FINANCES/ 2011 du 11 septembre 2011 fixant les délimitations des emplois des subdivisions douanières et des fonctions au sein du cadre organique de la Direction Générale des Douanes et Accises, organise les services de CAP de la manière suivante :

Au niveau central, il y a une sous-direction de la Direction de la Brigade et Lutte contre la Fraude, dénommée sous-direction de l'audit a posteriori. Elle comprend une inspection chargée des CAP et elle-même subdivisée en deux entités : bureau du pool Est et bureau du pool Ouest. Les deux bureaux sont, notamment chargés du suivi de l'action des services provinciaux de CAP et de centraliser et exploiter les données émanant des échelons déconcentrés.

Il faut déterminer les délais des contrôles douaniers dans le temps et dans l'espace selon l'architecture suivante :

a. de l'enregistrement de la déclaration à la mainlevée et dans les installations douanières : contrôle a priori (contrôle ex-ante) ;
b. de la mainlevée à 03 mois et dans les installations douanières : contrôle différé (Contrôle ex-post de premier niveau à la Direction Provinciale) ;
c. de 03 mois + 1 jour à 36 mois – 03 ans et dans les installations de l'opérateur économique et/ou des parties liées : contrôle a posteriori (contrôle ex-post de second niveau à la Direction de la Brigade et Lutte contre la Fraude (DBLF) et des échelons déconcentrés en province à l'initiative de la DBLF).

III.4. Planification stratégique aux fins des CAP

Lorsqu'une structure et un système de CAP sont en place, l'étape suivante consiste à élaborer un plan de contrôle ; ce plan permettra de déterminer combien de contrôles seront effectués et qui fera l'objet d'un contrôle sur une période donnée (généralement, une année). Le moment indiqué pour effectuer les CAP est la fin de l'exercice comptable et fiscal annuel, après le dépôt légal des états financiers, selon le chronogramme OHADA.

L'élaboration d'un plan de contrôle doit également être liée à la stratégie globale[71] adoptée pour les contrôles préalables à l'arrivée des marchandises, pour les contrôles réalisés au moment du dédouanement et pour les contrôles mensuels des fabriques pour les produits d'accises. Ainsi, le cycle complet de contrôle par la douane s'inscrit dans une stratégie unifiée.

Au niveau de la DBLF, ce travail est confié comme indiqué ci-dessus, à la sous-direction de planification et stratégie. La DGDA a recouru, d'octobre 2005 à février 2016, au contrôle avant embarquement réalisé par la firme privée BIVAC. Par ailleurs, la DGDA réalise un contrôle documentaire qui permet de lancer des alertes grâce à ses représentations de Mombasa, Kampala, Dar es Salaam et Douala. Aussi, une procédure de territoire douanier unique a été expérimentée avec la Tanzanie, du 06 juillet 2015 au 15 janvier 2017. Une structure centralisée en matière d'évaluation en douane a été mise en place depuis le 16 février 2015. Tout ce dispositif constitue la planification stratégique de la DGDA.

III.5. Gestion des risques[72]

En règle générale, les services douaniers appliquent des méthodes de gestion des risques aux contrôles douaniers pour deux raisons : ils veulent, d'une part, veiller au respect de la législation et de la règlementation douanière et cherchent, d'autre part, à stimuler la croissance économique par la facilitation des échanges et des investissements étrangers.

---

[71] CNUCED, (2011), Op. Cit.

[72] CNUCED, (2013), Note technique n° 12, Gestion du risque pour le contrôle douanier.

Le contrôle systématique entrave l'essor du commerce international, les mouvements transfrontaliers de marchandises, de voyageurs et de moyens de transport et il est un frein à la croissance rapide.

Par conséquent, les stratégies et techniques de gestion des risques utilisées par les services douaniers dans leur travail quotidien doivent impérativement être améliorées, ce qui demande une approche plus efficace de la planification et de la mise en œuvre des contrôles douaniers. Ce travail est habituellement mené à bien par une équipe spécialement chargée de l'analyse des risques/du ciblage. La sélection doit reposer sur l'évaluation des risques et tenir compte des ressources humaines disponibles pour effectuer les contrôles. Puis, l'équipe présente ou propose un plan à l'équipe qui aura la responsabilité de réaliser les contrôles.

La fréquence des contrôles effectués sur une entreprise spécifique varie en fonction du risque perçu. Il importe de communiquer les résultats d'un contrôle à l'équipe chargée de l'analyse des risques/du ciblage, de manière à pouvoir réviser en conséquence le niveau de risque de l'entreprise concernée. Ces informations aident en outre à déterminer si des contrôles de suivi/répétés sont nécessaires. Des exercices spéciaux pourront être réalisés sur une durée limitée et dans des domaines particuliers (par exemple, les secteurs commerciaux des pays d'origine) lorsque de nombreuses irrégularités sont à prévoir. Cela peut constituer un moyen d'utiliser effectivement les ressources et contribuer à améliorer le respect des lois.

Adoptée comme principe de gestion, la gestion des risques permet aux douanes non seulement d'assumer efficacement leurs responsabilités essentielles, mais aussi d'organiser et de répartir les ressources de manière à améliorer les performances d'ensemble et à faciliter les échanges.

Cette approche reposant sur les risques est souvent nécessaire, car les administrations des douanes sont fréquemment tenues de fournir de meilleurs résultats avec des ressources identiques, voire moindres.

ENCADRE 4

La norme ISA 200 *stipule que :*

L'auditeur doit planifier et effectuer l'audit pour réduire le risque d'audit à un niveau faible acceptable, répondant aux objectifs d'un audit.

Le risque d'audit contient deux éléments clés :

- *le risque que les états financiers contiennent des anomalies significatives (risque inhérent et risque lié au contrôle) ;*
- *le risque que l'auditeur ne détecte pas de telles anomalies (risque de non-détection ou risque d'audit) ;*
- *pour réduire le risque d'audit à un niveau faible acceptable, l'auditeur doit :*
- *évaluer le risque d'anomalie significative ;*
- *limiter le risque de non-détection.*

Ceci peut être réalisé au moyen de la mise en œuvre de procédures d'audit en réponse aux risques évalués au niveau des états financiers, des flux de transactions, des soldes de comptes, et au niveau des assertions.

III.5.1. Présentation du processus de gestion des risques

III.5.1.1. Processus de gestion des risques

Il comprend :

a. La définition du contexte ;

b. L'évaluation du risque :

   i) l'identification du risque ;

   ii) l'analyse du risque ;

   iii) l'évaluation et le niveau de priorité des risques ;

c. Le traitement du risque ;

d. La consignation des données, la communication et la consultation ;

e. La surveillance et la révision.

Le schéma suivant décrit le processus à suivre aux fins de la gestion des risques, qu'il s'agisse d'un examen de haut niveau des risques destiné à planifier les CAP à l'échelon national, ou d'activités opérationnelles d'un niveau moindre, comme le choix des entités contrôlées, dans l'optique d'un plan de contrôle mensuel.

Schéma 2 : Processus de gestion des risques

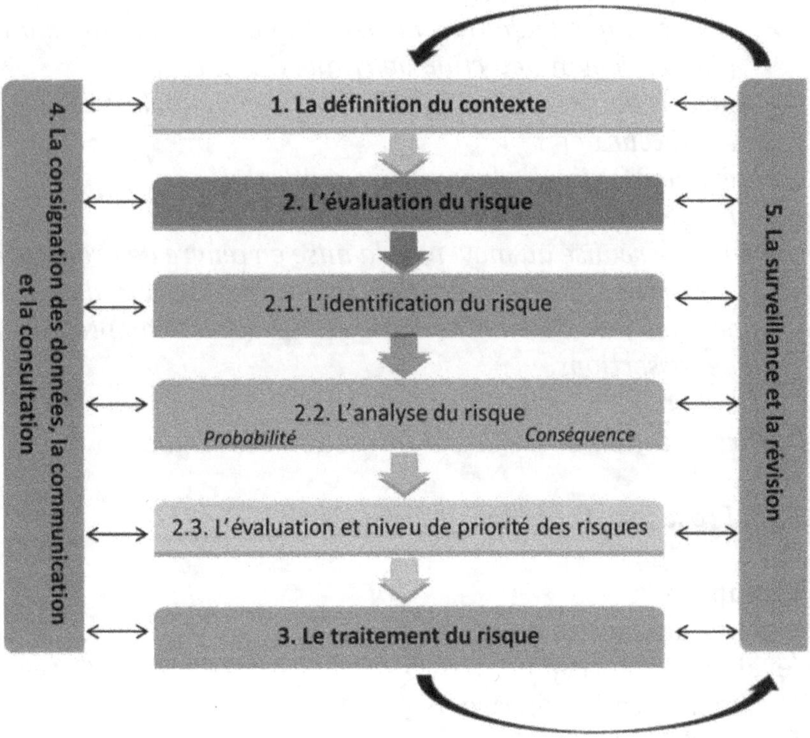

Source : OMD/Directives aux fins du contrôle a posteriori.

La définition du contexte dans lequel se déroulera le processus de gestion des risques amène à préciser les buts, les objectifs, les stratégies, la portée et les paramètres pertinents pour l'activité concernée ou pour la partie de l'organisation concernée.

Cette étape consiste également à établir les critères de risque, c'est-à-dire ceux à l'aune desquels le risque sera mesuré. Parmi ces critères, on citera ceux concernant la perte de recettes fiscales, l'image de la douane et sa mise en œuvre de la politique voulue par le Gouvernement. C'est sur ces critères fondamentaux que s'appuieront les décisions prises lors des étapes ultérieures. Ces critères devraient servir à déterminer des niveaux acceptables ou inacceptables de risque[73] (quel est le niveau des pertes de recettes fiscales acceptables, jusqu'à quel point peut-on tolérer une image négative de la douane, que peut-on tolérer s'agissant des écarts par rapport à la politique gouvernementale voulue).

III.5.1.2. Gestion des risques dans le contexte des CAP[74] *:*

Elle peut être :

a. stratégique ;
b. tactique ; et
c. opérationnelle.

Le processus de gestion des risques peut s'appliquer à tous ces niveaux.

a. Gestion stratégique des risques

L'évaluation stratégique des risques s'appuie sur la capacité de la douane à identifier le risque global que représente tout un secteur ou un groupe d'importateurs/exportateurs et/ou de fabriques. En identifiant un tel groupe, la douane sera en mesure de cibler l'ensemble des entreprises du secteur considéré qui représentent un risque élevé ou une sélection de ces entreprises.

i) Un secteur industriel peut être classé comme présentant un risque élevé pour différentes raisons comme :
- l'importance stratégique de l'industrie en question vis-à-vis de l'intérêt national ;
- les accords commerciaux internationaux qui régissent le secteur ;
- les considérations liées à la santé et à la sécurité publiques ;
- les droits de propriété intellectuelle ;
- l'impact économique des importations, des exportations et/ou de la fabrication/cession des produits d'accises ;

---

[73] IFAC, (2007), Op. Cit., pp. 57 et 110.
[74] CNUCED, (2013), Op. Cit.

ii) Les études sur des secteurs commerciaux spécifiques :

Une étude générale portant sur le secteur commercial ou sur l'importation/exportation en cause peut aider le fonctionnaire à replacer des renseignements spécifiques dans le contexte voulu. Le recours à des études portant sur un secteur spécifique est de plus en plus considéré comme une source fiable aux fins du recueil de renseignements sur le terrain.

Les études sectorielles peuvent porter sur des domaines spécifiques d'un programme, comme :

- l'évaluation ;
- le transbordement des produits textiles ;
- les droits de propriété intellectuelle, etc. ;

iii) Le secteur concerné ferait l'objet d'un ciblage préalable, obéissant à certains critères :

- estimations de la valeur de la marchandise ;
- sensibilité des ressortissants d'un pays ou d'un secteur industriel vis-à-vis des activités illégales, etc.

Une fois le secteur choisi, les renseignements doivent être définis et recueillis sur les différents éléments pertinents, aux niveaux macroéconomique (importance du secteur, production, consommation, etc.) et microéconomique (nombre d'entreprises concernées, capacités technologiques et structures de ces entreprises, type de fraude auquel elles sont exposées, etc.). Ces renseignements doivent être pris en compte et conservés dans une base de données ou un autre format électronique.

b. Gestion tactique des risques

Ce processus consiste à identifier les groupes d'importateurs/exportateurs et/ou fabriques spécifiques dont les transactions présentent un risque élevé. Il convient, lors de ce processus, de prendre en compte les données suivantes :

- le volume des importations/exportations, productions/ livraisons réalisées par l'importateur/exportateur et/ou fabrique ;
- la valeur totale des marchandises importées/exportées et/ou des produits d'accises;
- les types de marchandises importées/exportées et/ou des produits d'accises ;

- Problème déjà rencontré avec l'importateur/exportateur et/ou fabrique ou manquement antérieur aux législations ;
- l'importateur/l'exportateur et/ou fabrique opère pour la première fois.

c. Gestion opérationnelle des risques

Les facteurs à prendre en compte lors de l'identification des transactions présentant un risque élevé peuvent être les suivants :

- qui est l'importateur/exportateur et/ou la fabrique ;
- quelle est la marchandise et/ou le produit concernés ;
- divergences ou infractions antérieures concernant la marchandise et/ou le produit ;
- importation/exportation et/ou produits d'accises de très grande valeur ;
- pays d'origine ou de destination, de transit ou de provenance de la marchandise ;
- secteur d'activité de la production/livraison des produits d'accises ;
- une réglementation ou des programmes spécifiques s'appliquent-ils à ce type d'importation/exportation et/ou de production/livraison (quotas, par exemple) ;
- la valeur déclarée pour la marchandise et/ou le produit d'accises est en dehors de la fourchette établie au préalable.

D'autres facteurs peuvent accroître le niveau de risque pour les cas précédemment cités :

- données de référence fournies par d'autres unités de la douane ;
- possibilités de recouvrement des recettes fiscales ;
- risque de perte de recettes fiscales ;
- priorités fixées dans le programme gouvernemental ou renseignements spécifiques.

III.5.1.3. Identification des risques

Les éléments suivants peuvent contribuer à l'identification des risques :

- résultats d'un secteur industriel vis-à-vis des exigences législatives/administratives ;
- résultats obtenus par chacune des entités contrôlées ;

- données relatives aux opérations de chacune des entités contrôlées (par exemple, contrôles internes, séparation des droits/tâches, résultats de vérifications externes, le cas échéant).

III.5.1.4. Analyse des risques

C'est une méthode de travail qui consiste à identifier l'ensemble des composantes du risque de fraude, à les évaluer et à en assurer la synthèse, en les organisant selon une méthodologie permettant de déterminer un risque de fraude sur un objectif particulier (produit, secteur d'activité, régime douanier moyen de transport) que seul un contrôle ou une enquête peut infirmer ou confirmer.
La probabilité et les conséquences d'un événement peuvent être fixées sur une échelle de notation (par exemple, importante, moyenne et faible ou encore de 1 à 6). Ensemble, ces deux outils de mesure (probabilité et conséquences) permettent de fixer un niveau global de risque, qui peut donc être important, moyen ou faible.

III.5.1.5. Surveillance et révision des risques

La surveillance et la révision des risques font partie intégrante de la gestion des risques. Elles sont nécessaires afin de :
- déterminer si des risques déjà identifiés restent présents ;
- identifier les nouveaux risques ;
- réévaluer les niveaux de risque définis préalablement au vu des renseignements récents;
- évaluer l'efficacité du contrôle mis en œuvre[75].

III.5.2. Mise en place de systèmes de renseignements sur les risques

Les renseignements peuvent être définis comme le produit du recueil et du traitement des données pertinentes, sur la base duquel s'effectuent l'évaluation des risques et la prise de décisions documentées lors de l'élaboration d'un plan de contrôle.
Chaque administration des douanes devrait mettre en place ses réseaux et systèmes de renseignement propres, adaptés à ses

---

[75] OMD, (2002), Op. Cit.

propres besoins et basés sur sa perception des risques. Ce réseau[76] pourrait intégrer des unités de renseignement locales opérant dans les ports et aéroports ainsi qu'une unité centrale capable de recueillir et de regrouper les renseignements, mais aussi de les diffuser à l'ensemble du service. Les fonctionnaires utilisent les renseignements qu'ils reçoivent, mais doivent aussi se montrer actifs pour rechercher des informations auprès de toutes les sources disponibles.

Une équipe chargée des risques et des renseignements peut se révéler utile pour l'ensemble de la douane. Son rôle consistera généralement à :

- identifier, gérer et entretenir les sources de renseignements ;
- contribuer à l'identification et la mesure des risques ;
- communiquer avec les collègues du secteur opérationnel afin qu'ils prennent dans les meilleurs délais des mesures appropriées et efficaces ;
- réviser les renseignements obtenus en s'appuyant sur les retours d'expérience et réviser les cibles en conséquence.

III.6. Interdépendance des CAP avec les autres unités de la douane et les autres services fiscaux nationaux et étrangers

Comme nous l'avons indiqué précédemment, les CAP ne sont pas un système indépendant mais constituent l'une des fonctions de la douane, liée de manière optimale aux autres fonctions concernées et particulièrement à la gestion des risques.

III.6.1. Liaison à la structure de Gestion des risques

Les contrôles physiques des marchandises importées/exportées opérés souvent de façon systématique par les administrations douanières, constituent l'une des entraves les plus importantes à la facilitation du commerce dans les pays en développement. La sélectivité des contrôles est pour cette raison considérée comme un élément-clé des réformes des administrations douanières,

[76] La DGDA a ouvert quatre (04) Bureaux de Représentation, dans quatre (04) pays, essentiellement dédiés à la collecte de renseignement sur les opérations en amont et la collecte des données, lors des exportations ou des transits des marchandises en provenance ou de passage dans ces pays.

cependant, elle est intimement liée à sa jumelle. En effet, les deux techniques douanières : la gestion des risques et le contrôle a posteriori permettent de fluidifier l'activité commerciale tout en assurant un contrôle efficace face aux enjeux multiples.[77]

III.6.2. Liaison à la structure chargée de la Lutte contre la fraude[78]

Lorsqu'une infraction douanière potentielle est mise à jour durant le contrôle, l'équipe chargée du contrôle devrait interrompre le contrôle sans alerter l'entité contrôlée et travailler en coordination avec l'équipe concernée en charge de la lutte contre la fraude, qui décidera de l'opportunité d'une enquête officielle.

III.6.3. Liaison au service juridique

Si, durant le contrôle, la nécessité d'une interprétation légale supplémentaire se fait sentir, le contrôleur peut solliciter les conseils du service juridique de la douane. Les entités contrôlées peuvent également demander un nouvel examen concernant les décisions spécifiques de la douane, applicables aux transactions spécifiques.

Dans l'hypothèse où surviendrait un désaccord avec l'importateur/exportateur et/ou fabrique sur les résultats du contrôle qu'il est impossible de régler par le dialogue, l'importateur/exportateur et/ou fabrique doit avoir la possibilité de demander un réexamen officiel de la décision en question et disposer d'un droit de recours conformément aux procédures prévues dans la législation nationale et à la convention de Kyoto révisée[79].

---

[77] CNUCED, (2011), Op. Cit.

[78]Ministre Des Finances, (2011), Cadre organique, Op. Cit. : La structure chargée du CAP, soit une Sous-direction chargée de l'audit a posteriori.

[79] OMD, (1999), Op. Cit. et OMC, (1994), Op. Cit.

III.6.4. Liaison aux autres unités douanières

Il est recommandé de mettre en place des canaux de communication avec les autres unités de la douane, notamment avec les unités traitant de sujets de l'évaluation, chargées du dédouanement, chargées du contrôle, afin de mettre en commun les connaissances et les renseignements relatifs à un opérateur commercial spécifique. Ces unités peuvent en effet fournir des informations susceptibles de compléter les données déjà disponibles pour l'identification et la sélection des entités à contrôler.

III.6.5. Liaison avec les services fiscaux et les services chargés de la TVA

Il peut se révéler profitable, dans la mesure où la législation nationale le permet, d'échanger des connaissances et des renseignements avec les services chargés de la TVA et des impôts directs.

Afin de juguler la brèche de collaboration attendue entre l'administration fiscale chargée des impôts directs et l'administration douanière, chargée de l'impôt indirect à la porte, les pays de l'EAC (Kenya, Ouganda, Rwanda, Burundi, Tanzanie) ont opté pour la fusion de ces deux administrations en une Autorité des recettes chapeautée par un conseil d'administration. En RD Congo, lors du Forum national sur la réforme du système fiscal de la RD Congo (Kinshasa, du 11 au 14 septembre 2017), la recommandation pour la création de l'Autorité des recettes, en regroupant ou en fusionnant les trois régies financières DGDA, DGI et DGRAD, n'a pas été retenue, plutôt les régies ont été conviées à accentuer les échanges des données et leur collaboration.

III.6.6. Liaison avec les administrations des douanes étrangères

La coopération avec les administrations des douanes étrangères peut être recherchée à l'aide des outils pertinents aux fins d'une assistance mutuelle administrative. La RD Congo a signé des accords d'assistance mutuelle administrative (AAMA) notamment avec les pays suivants : l'Angola, le Burundi, le Kenya, l'Ouganda, le

Rwanda, la Tanzanie, la Zambie, mais aussi avec la Belgique, la Tanzanie, le Zimbabwe, et l'Afrique du Sud. Afin de consolider ces accords, la RD Congo a ouvert trois bureaux de représentation au Kenya, en Ouganda et en Tanzanie.

III.7. Mise en œuvre des CAP

Le processus des CAP peut se diviser en plusieurs phases :

- élaboration des programmes de contrôle et des procédures normalisées de contrôle ;
- identification des sujets potentiels de contrôle ;
- processus de sélection ;
- planification du contrôle ;
- déroulement du contrôle sur le terrain ;
- clôture du contrôle/rapport ;
- évaluation et suivi.

Toutes ces étapes sont étroitement liées les unes aux autres ; elles doivent être planifiées et mises en œuvre sous la forme d'un système intégré. C'est pourquoi, comme le montre le schéma ci-dessous, décrivant le processus d'ensemble des CAP, l'ensemble du processus doit s'appuyer sur la planification stratégique au niveau de la direction et inclure une approche reposant sur les risques.

Schéma 3 : Processus de CAP

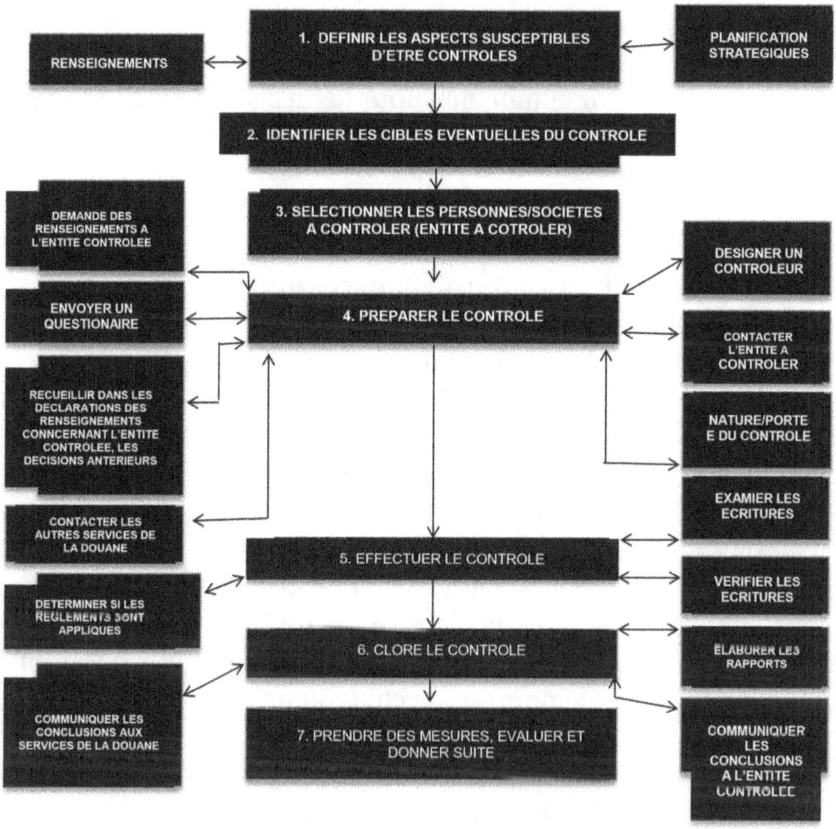

Source : OMD/Directives aux fins du contrôle à posteriori.

III.7.1. Elaboration des programmes de contrôle et des procédures normalisées de contrôle

Le contenu des programmes de contrôle peut varier selon la portée définie pour les CAP, mais ils doivent comporter les éléments essentiels suivants :

- la portée des CAP ;
- le plan de travail annuel/mensuel ;
- le type de CAP ;
- les procédures/techniques normalisées de CAP.

III.7.1.1. Portée des CAP[80]

Les entités susceptibles d'être soumises aux CAP – par exemple importateur/exportateur, commissionnaire en douane, bureau de douane, transporteur et fabrique pour les accises (voir III.5. Gestion des risques).

III.7.1.2. Plan de travail annuel ou mensuel

La planification du contrôle peut s'effectuer sur une base annuelle, en tenant compte de la disponibilité des ressources et des travaux en cours. A chaque domaine concerné par le contrôle, pourrait correspondre un nombre standard d'heures nécessaires à sa réalisation et les horaires de chaque contrôleur ou équipe de contrôle pourraient être établis en déterminant le nombre de contrôles qui peuvent être réalisés dans une année donnée.

La planification pourrait aussi s'effectuer sur une base mensuelle. Il est recommandé de mesurer la productivité de chaque phase de la mise en œuvre du CAP au regard du temps nécessaire à son déroulement. Le plan devrait, notamment déterminer quel est le nombre de contrôleurs requis pour mener à bien un contrôle.

La planification devra tenir compte du moment propice pour procéder au contrôle afin de s'assurer que l'entité à contrôler a déjà établi ses états financiers conformément au calendrier fiscal légal en vue d'obtenir l'image financière et comptable fidèle et complète de l'entité à contrôler.

III.7.1.3. Types de CAP

Des critères doivent être établis afin de déterminer quel type de contrôle est pertinent pour chaque cas, du point de vue d'une utilisation optimale des ressources et des objectifs souhaités.

80 CNUCED, (2011), Op. Cit.

a. Contrôle systémique

Cette méthodologie est généralement appelée « approche descendante ». Les contrôles débutent par une évaluation de la structure supérieure de l'entreprise et de ses objectifs commerciaux, qui implique généralement un dialogue avec un représentant de haut niveau de l'entreprise. Celle-ci est suivie par une évaluation des systèmes et des registres comptables de l'entreprise. Des systèmes médiocres et de faibles traces de contrôle indiquent généralement de faibles niveaux de conformité vis-à-vis de la loi.

L'étape suivante consiste dans un examen des transactions individuelles aux fins de tester les systèmes et de déterminer le niveau de conformité vis-à-vis de la loi. La solidité des systèmes détermine le niveau des tests de validation et par conséquent l'approche adoptée pour le contrôle.

b. Contrôle complet

Cette approche examine l'environnement de contrôle complet de l'entreprise et l'impact que cela peut avoir sur la conformité douanière et/ou accisienne. Des procédures d'analyse sont largement utilisées et les tests de validation sont réduits lorsque l'environnement de contrôle et les systèmes de gestion de l'entreprise sont bons. Ce type de contrôle se déroule dans les locaux de l'entité contrôlée. La quantité de renseignements que les contrôleurs doivent examiner peut-être importante mais cela dépend de la fréquence des CAP pour une entité donnée. Le contrôle sur le terrain peut fournir un tableau complet de l'entreprise, notamment de ses systèmes comptables, de ses méthodes de commerce ainsi que de ses partenaires.

c. Contrôle ciblé

Cette approche se concentre sur un domaine des douanes et/ou des accises, par exemple l'évaluation de la base imposable. Des tests sur des systèmes associés et des contrôles ainsi que des tests de validation peuvent également être effectués.

ENCADRE 5

La Norme internationale d'audit (ISA) 530, sondages en audit*, doit être lue conjointement avec la norme ISA 200, Objectifs généraux de l'auditeur indépendant et réalisation d'un audit conforme aux Normes internationales d'audit.*

1. La présente norme internationale d'audit (ISA) s'applique lorsque l'auditeur a décidé d'utiliser des sondages dans la mise en œuvre des procédures d'audit. Elle traite de la conception du sondage et de la sélection de l'échantillon, de la mise en œuvre de tests des contrôles et de tests de détail et de l'évaluation des résultats émanant de l'échantillon dans les contextes où l'auditeur a recours à des méthodes de sondage statistique ou non statistique.

2. La présente norme ISA complète la norme ISA 5001, qui traite de la responsabilité qui incombe à l'auditeur de concevoir et de mettre en oeuvre des procédures d'audit lui permettant d'obtenir des éléments probants suffisants et appropriés pour être en mesure de tirer des conclusions raisonnables sur lesquelles fonder son opinion. La norme ISA 500 fournit des indications sur les modes de sélection d'éléments à des fins de tests auxquels l'auditeur peut avoir recours, le sondage en audit constituant l'un de ces modes.

III.7.1.4. Procédures et techniques normalisées de CAP[81]

Afin de garantir que les contrôles sont effectués de manière efficace et cohérente, la douane devrait élaborer des procédures normalisées de CAP. Ces procédures peuvent inclure un code éthique destiné aux fonctionnaires chargés du CAP, les procédures de contrôle et les modalités de la collaboration recommandée entre l'unité chargée des CAP et les autres unités douanières et/ou accisiennes. Les procédures et techniques détaillées de CAP pourront varier, selon les administrations des douanes, en fonction de la portée des CAP. Il est également recommandé de présenter ces procédures sous la forme de directives écrites diffusées auprès du personnel concerné.

[81] OMD, (2012), Op. Cit.

III.7.2. Identification et analyse de l'entreprise à contrôler

L'importateur/exportateur ou la fabrique est la principale entité concernée par un contrôle principal puisque c'est lui qui détient les informations et les preuves essentielles pour étayer les déclarations d'importation/exportation ou de production. Dans certaines circonstances, des personnes autres que l'importateur/exportateur ou la fabrique peuvent également être soumises à un contrôle. Les contrôles peuvent porter sur un vaste éventail de questions liées à la douane ou à la production accisienne, ou s'attacher à un domaine en particulier, par exemple l'évaluation, l'origine ou le classement tarifaire.

III.7.3. Processus de sélection

III.7.3.1. Sélection basée sur les risques et indicateurs de risques

La sélection des entités potentiellement soumises à un contrôle devrait reposer sur les profils de risque. Les critères de sélection des candidats au contrôle doivent être élaborés en tenant compte des renseignements disponibles, des tendances du commerce et des domaines jugés prioritaires. Il est vivement recommandé de gérer à cet égard une base de données sur les risques régulièrement mise à jour et accessible uniquement pour le personnel autorisé.

Selon le profil de risque présenté par la personne contrôlée et par son entreprise (par exemple, types d'activités commerciales, marchandises, recettes fiscales concernées) le contrôle peut s'effectuer de manière permanente, cyclique ou occasionnelle. La fréquence des contrôles doit également prendre en compte la durée limite légale, fixée pour recouvrer ou rembourser l'impôt (délai de prescription). En fonction des résultats du contrôle, sa fréquence peut se voir augmentée ou réduite. A cette occasion, il peut également être envisagé de faire effectuer les contrôles par des parties tierces, et ce, dans le cadre du cycle de contrôle appliqué à une entreprise spécifique.

L'objectif principal des CAP étant d'évaluer le niveau de respect de la loi par l'entité contrôlée et de vérifier l'exactitude des déclarations par le biais des données commerciales de l'entreprise, les indicateurs de risques suivants pourront contribuer à évaluer le risque et à cibler les entreprises soumises aux CAP :

a. Profil des importateurs/exportateur :
   - capital ;
   - structure de l'entreprise ;
   - partenaires commerciaux (fournisseurs, agents, clients, etc.) ;
   - type de transaction ;
   - méthode de paiement, etc.

b. Données commerciales :
   - volume des importations/exportations ;
   - montant des droits payés ou exonérés ;
   - classement tarifaire des marchandises importées/exportées et taux de droits ;
   - déclarations de valeur ;
   - origine/destination des marchandises importées/exportées ;
   - ports de chargement/déchargement ;
   - type de transport, etc.

c. Antécédents de l'entité contrôlée :
   - données consignées lors de contrôles antérieurs ;
     « Les dossiers de travail relatifs aux missions de contrôle des exercices antérieurs constituent une importante source d'information qui est souvent négligée. Ils contiennent souvent des informations précieuses sur des questions telles que :
     - les points à prendre en considération ou les problèmes à traiter lors de la planification de l'audit de cette année ;
     - les évaluations et les sources d'éventuels ajustements, et erreurs non corrigées ;
     - les domaines où il y a des désaccords récurrents, tels que les hypothèses utilisées pour les estimations comptables ;

- les domaines qui semblent être prédisposés aux erreurs ;
- les questions soulevées lors des différentes communications de l'auditeur avec la direction et avec les personnes constituant le gouvernement d'entreprise »[82].

- erreurs lors des déclarations ;
- infractions enregistrées ;
- le cas échéant, renseignements concernant le paiement des taxes ou de la TVA intérieure.

d. Informations ou renseignements liés :

- irrégularités courantes dans les mêmes secteurs d'activité ;
- pays d'origine/de destination présentant un risque élevé ;
- marchandises présentant un risque élevé, etc.

III.7.3.2. Collaboration avec d'autres unités douanières

Il est essentiel que la structure chargée des CAP facilite un contact étroit et une franche collaboration avec les autres unités de la douane, notamment avec les unités traitant de sujets comme l'évaluation, le dédouanement des marchandises, le jaugeage des cuves ou le contrôle des switches des télécoms, les enquêtes et les renseignements, afin d'assurer un échange efficace de renseignements durant cette étape. Ces unités peuvent en effet fournir des informations susceptibles de compléter les données déjà disponibles pour l'identification et la sélection des entités à contrôler.

III.7.4. Préparation du contrôle

Une préparation de grande qualité est déterminante pour le succès de tout contrôle. Elle garantit en effet l'efficacité du contrôle et peut réduire le temps à passer dans les locaux d'une entreprise. L'objectif de ce travail de préparation est d'obtenir une vue d'ensemble complète de la structure commerciale de l'entité contrôlée afin d'être en mesure, sur cette base, de définir et d'analyser des secteurs spécifiques de risque des systèmes d'une entité à contrôler, et de rédiger un plan de contrôle incluant les

[82]IFAC, (2007), p.64

objectifs, la portée et les méthodologies du contrôle et affectant un contrôleur/une équipe de contrôle.

III.7.4.1. Recherches préalables

Les enquêtes préalables au contrôle se présentent sous la forme d'un examen préliminaire dont les deux principaux objectifs sont les suivants:

- se concentrer sur des secteurs spécifiques de risque des systèmes et des déclarations d'importation/exportation d'une entité contrôlée ou d'une fabrique, à travers l'analyse des données disponibles ; et
- rédiger un plan de contrôle incluant les objectifs, la portée et les méthodologies du contrôle et affectant un contrôleur/une équipe de contrôle.

Avant d'entreprendre une visite sur le site, le contrôleur devrait d'une manière générale:

- étudier tous les points spécifiques à analyser ;
- étudier avec soin les déclarations choisies et les documents justificatifs. Noter tous les points susceptibles de nécessiter une attention particulière ;
- obtenir les renseignements suivants concernant l'importateur/exportateur ou la fabrique :
    - ➢ statistiques sur les importations/exportations ou productions antérieures ;
    - ➢ décisions antérieures de la douane liées à l'importateur/exportateur ou la fabrique en matière par exemple de classement ou d'évaluation ;
    - ➢ décision similaire susceptible d'être appliquée au cas concerné ;
    - ➢ rapports de visites antérieures concernant l'importateur/exportateur ou la fabrique et description détaillée des irrégularités détectées ;
    - ➢ renseignements provenant d'autres sources, comme les services chargés de la fiscalité interne ou de la parafiscalité locale ;
    - ➢ procédures juridiques en cours, etc.

III.7.4.2. Listes préparatoires de vérification

Dans le cadre de la préparation du contrôle, le recours à des listes de vérification peut se révéler utile pour aider la douane à mener à bien un contrôle. Ces listes faciliteront de relever les principales questions à examiner lors du contrôle. Cela permet de s'assurer que tous les domaines importants de risque sont pris en compte. Les listes préparatoires de vérification peuvent, dans la mesure du possible, être complétées sur la base des renseignements obtenus lors de la phase de préparation, puis être vérifiées et complétées lors du contrôle lui-même.
Un examen collégial interne de la préparation de l'enquête préalable est un exemple d'un contrôle d'assurance qualité utile. Des pairs peuvent détecter des risques passés inaperçus, faire part d'expériences tirées de contrôles similaires ou de procédures de contrôle appropriées et plus efficaces.

III.7.4.3. Notification du contrôle

Dans le cadre d'une approche des CAP reposants sur le respect de la loi, il convient de contacter à l'avance l'entreprise concernée afin de fixer avec elle une date pour le contrôle. L'entité contrôlée doit également être informée des éléments suivants :

- la procédure générale à suivre lors de la visite et ses objectifs ;
- le détail des documents qui devront être fournis (en précisant la période qui sera examinée, si elle est connue) ;
- les noms des personnes qui effectueront le contrôle ;
- les équipements qui doivent être mis à la disposition du/des contrôleur(s) (par exemple, une zone de travail appropriée).

III.7.5. Déroulement du contrôle sur terrain

La procédure générale appliquée pour le déroulement d'un contrôle sur le terrain peut se résumer comme suit :

Schéma 4 : Le déroulement de contrôle sur terrain

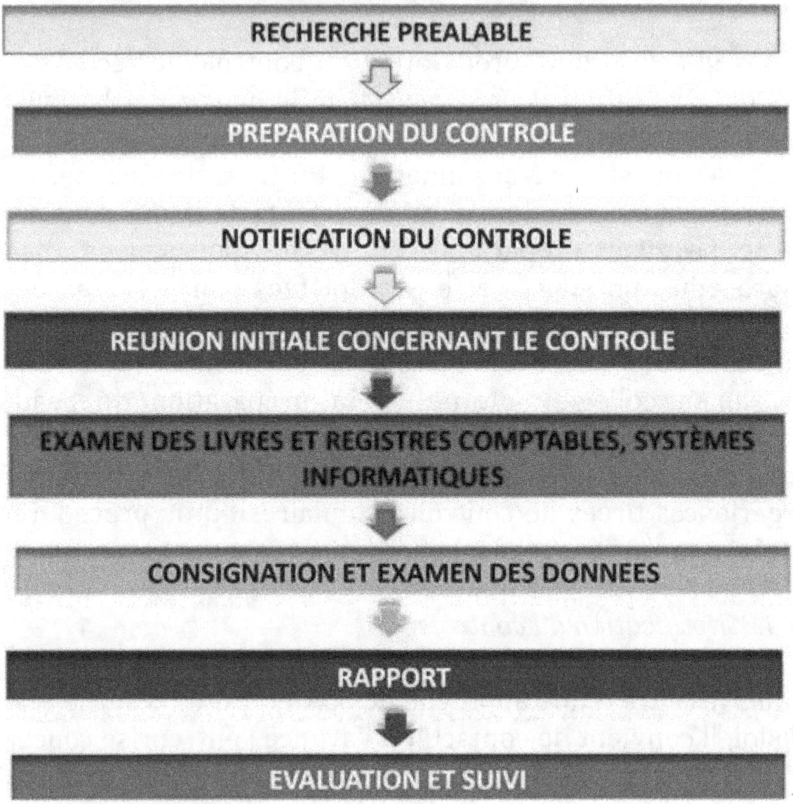

Source : OMD/Directives aux fins du contrôle a posteriori.

Lorsque l'entité à contrôler refuse le contrôle ou semble s'y résigner difficilement, il est recommandé au contrôleur de :

- contacter un cadre supérieur de l'entreprise pour expliquer que, dans le contexte juridique applicable, la douane est fondée à pénétrer dans les locaux et à obtenir la coopération de l'entreprise ; et
- demander quelles raisons spécifiques motivent le refus de coopérer et d'essayer de résoudre tous les problèmes soulevés.

Si l'entreprise continue de faire obstruction, il est recommandé au contrôleur de se demander si ce manque de coopération dissimule des activités frauduleuses et d'envisager d'en rendre compte auprès du service chargé de la lutte contre la fraude douanière ou du service juridique.

III.7.5.1. Réunion initiale sur le contrôle ou réunion de prise de contact

La réunion initiale constitue la première étape du contrôle sur le terrain. Les contrôleurs doivent tout d'abord rencontrer un cadre supérieur de l'entreprise soumise au contrôle, cadre qui aura le pouvoir de répondre aux besoins des contrôleurs et d'assurer un niveau élevé de coopération. Parfois, une entité contrôlée pourra solliciter la présence, lors de la réunion, de consultants, de comptables, d'avocats conseils ou d'un fiduciaire sous-traitant, ce que la douane acceptera normalement.

A son arrivée dans l'entreprise, le contrôleur devrait procéder comme suit :

- se présenter au personnel habilité et présenter les membres de l'équipe chargée du CAP ;
- expliquer dans les grandes lignes la méthode appliquée aux fins des contrôles (contrôle effectué sur la base d'une vérification statistique et de transactions choisies, visant à déterminer le niveau global de conformité vis-à-vis des exigences de l'administration) ;
- mentionner la durée prévue du contrôle. Il y a lieu de noter que le délai prévu n'est qu'une indication et qu'il est susceptible d'être modifié si des obstacles, des divergences ou des irrégularités sont constatés ;
- demander qu'un cadre de l'entreprise soit disponible à tout moment pour faciliter le contrôle, il sera l'interface ;
- mentionner que la présence du contrôleur financier/comptable de l'entreprise peut être exigée pour répondre à certaines questions ; et
- vérifier que l'entreprise est en possession de l'ensemble des documents justificatifs sollicités dans la lettre de notification.

ENCADRE 6
La Norme internationale d'audit (ISA) 260 (révisée), communication avec les responsables de la gouvernance, *doit être lue conjointement avec la norme ISA 200, Objectifs généraux de l'auditeur indépendant et réalisation d'un audit conforme aux Normes internationales d'audit.*

ENCADRE 6
La présente norme internationale d'audit (ISA) traite de la responsabilité qui incombe à l'auditeur de communiquer avec les responsables de la gouvernance dans le cadre d'un audit d'états financiers. Elle s'applique quelle que soit la structure de gouvernance ou la taille de l'entité, mais des considérations particulières entrent en jeu lorsque toutes les personnes responsables de la gouvernance participent à la gestion de l'entité, ou lorsque l'entité est cotée en Bourse. La présente norme ISA n'établit pas d'exigences concernant la communication de l'auditeur avec les dirigeants ou les propriétaires de l'entité, si ce n'est lorsque ceux-ci sont également investis de fonctions de gouvernance.

III.7.5.2. Techniques et outils de contrôle

a. Comportement durant le contrôle

Lors des CAP, les contrôleurs doivent respecter certains principes de base, qui peuvent contribuer au succès du contrôle :

i) Favoriser des relations de coopération, sachant que la coordination et la coopération avec la personne contrôlée sont essentielles pour que le contrôle soit efficace. Du premier contact jusqu'à la fin du contrôle et la finalisation du rapport, une communication ouverte grâce à un dialogue permanent avec la personne contrôlée permet de s'assurer que toutes les conclusions et autres questions pertinentes pour le contrôle seront pleinement partagées et débattues.

ii) Les contrôleurs doivent examiner et évaluer, de manière critique, les registres et les documents justificatifs de la personne contrôlée. Les contrôleurs doivent se rappeler que le fait de découvrir des éléments contradictoires ou anormaux est un indice possible d'irrégularité.

iii) Les contrôleurs doivent fournir des orientations positives à la personne contrôlée quant aux déclarations erronées dues à un manque de compréhension des lois et règlements, en vue d'améliorer le degré de respect de la loi. Lorsque la personne contrôlée pose une question à laquelle le contrôleur ne peut fournir une réponse immédiate, le contrôleur doit rapporter cette question au responsable de l'équipe chargée du contrôle ou à un superviseur/spécialiste afin d'obtenir une réponse.

iv) Les contrôleurs doivent se garder de communiquer leurs impressions provisoires à l'entité contrôlée durant le contrôle, notamment en ce qui concerne l'évaluation provisoire des conclusions, tant que l'ensemble du processus n'est pas terminé. Cela pourrait en effet causer des difficultés, par exemple si l'évaluation des conclusions du contrôle s'avère négative alors que la personne contrôlée avait déjà été informée de meilleurs résultats.

v) Adopter un comportement professionnel et courtois vis-à-vis de l'entité contrôlée.

b. Techniques d'entretien

Il est recommandé de recourir aux bonnes pratiques suivantes pour assurer le succès de l'entretien :

- garder le contrôle de l'entretien ;
- suivre un plan d'entretien préétabli mais faire preuve de souplesse si nécessaire ;
- bien expliquer les questions et s'assurer qu'elles ont été comprises ;
- éviter de laisser des questions incomplètes ou non résolues ;
- écouter avec attention et observer les réactions ;
- ne pas interrompre la personne interrogée sauf si elle semble changer délibérément de sujet ;
- éviter de poser des questions ambiguës et tendancieuses ;
- faire confiance et adopter un comportement rationnel et calme ; et
- à la fin, récapituler l'entretien et demander des précisions si nécessaires.

Le contrôleur peut, à travers un ensemble de questions ordinaires, obtenir des renseignements utiles et pertinents. Lors d'une conversation générale, la personne contrôlée peut dévoiler des éléments importants concernant ses opérations commerciales, éléments qui peuvent avoir des conséquences sur les questions d'évaluation par exemple, s'ils portent sur les relations avec les fournisseurs, sur la fourniture de composants à un fabricant/vendeur étranger, etc.

Lorsque la personne contrôlée s'efforce d'éviter de répondre directement aux questions, le contrôleur doit persister jusqu'à ce qu'il obtienne les renseignements nécessaires.
Des visites répétées sont généralement nécessaires lorsque tous les renseignements pertinents n'ont pas été examinés durant la première visite ou lorsque l'entité contrôlée dispose de systèmes plus élaborés et complexes.

c. Vérifications thématiques

Ces listes des vérifications sur des questions spécifiques se révèlent pratiques pour aider le contrôleur à mener à bien sa mission.

En fonction des risques détectés et de l'étendue du contrôle, le contrôleur peut choisir les listes de vérification applicables. Il peut s'agir, entre autres, de :

- l'évaluation des marchandises ou de la production ;
- l'origine/destination des marchandises ;
- la désignation tarifaire :
    - sélection des déclarations à vérifier ;
    - vérification documentaire ;
- la quantité de marchandises ou de production ;
- la mise en entrepôt sous douane ;
- l'utilisation finale des marchandises ou de la production :
    - détournement de destination d'utilisation des marchandises importées/exportées ;
    - fraude sur les marchandises des magasins hors taxes ou Duty free ;
- la procédure de perfectionnement actif ;
- la procédure de perfectionnement passif ;
- le traitement sous contrôle douanier ;
- l'admission (importation) temporaire ;
- les marchandises à double usage ;
- la sortie (exportation) temporaire ;
- les transits ;
- les cabotages ;
- l'admission en zone franche ;
- la taxe sur la valeur ajoutée (TVA) ;

- la règlementation du change édictée par la banque centrale nationale ;
- l'établissement des liens entre l'importateur (acheteur dans le pays d'importation) et l'exportateur (vendeur dans le pays d'exportation), liens de filiation pouvant entrainer la fraude sur la valeur en douane en vue de l'optimisation fiscale du groupe dans son ensemble.

En bref, les différentes vérifications peuvent être actionnées conformément à l'article 354 du Code des douanes qui stipule, en son point 1, ce qui suit : « Constitue une infraction douanière, toute violation de la législation douanière qui est passible d'une peine prévue par le présent code ou par les dispositions légales ou réglementaires édictées pour son application », et aux articles 109 à 116 du Code des accises ainsi qu'à toutes violations des législations connexes aux législations douanière et accisienne.

d. Technique comptable

L'efficacité des contrôles a posteriori est loin supérieure aux contrôles a priori et différé. En effet, comme énoncé plus haut, les deux derniers n'ont comme support que la déclaration douanière et ses pièces justificatives par contre le contrôle a posteriori se base sur la comptabilité de l'entité à contrôler, laquelle comptabilité loge en son sein une batterie d'informations supplémentaires qu'un douanier ne saurait jamais disposer à travers la seule déclaration douanière et ses pièces jointes.

Contrairement à une idée reçue, le CAP n'est pas une fonction comptable et financière ou, du moins, n'est pas que cela. En effet, sa mission consiste à analyser les risques, tous les risques, qu'ils soient opérationnels, financiers ou de conformité, susceptibles d'affecter la réalisation des objectifs fixés par la douane[83].

Il est bon de retenir que le contrôle a posteriori n'est pas un audit au sens strict et qu'il ne peut fournir qu'une assurance raisonnable que la douane pourra atteindre ses objectifs[84].

---

[83]BERTIN Elisabeth, Op. Cit, p.57.

[84]Idem.

Le contrôle a posteriori devrait se focaliser sur la partie de la comptabilité essentielle pour la détection des anomalies et autres irrégularités, il y a notamment :

i) les comptes de la classe 1 : comptes de ressources durables :
Cas des subventions d'investissement (14), des provisions réglementées et fonds assimilés (15), des emprunts et dettes assimilées (16), des dettes de crédit-bail et contrats assimilés (17), des dettes liées des participations et comptes de liaison des établissements et sociétés en participation (18) ;
ii) les comptes de la classe 2 : comptes d'actif immobilisé :
Cas des achats de véhicules ; cas des immobilisations incorporelles (21), des bâtiments, installations techniques et agencements (23), du matériel (24), des avances et acomptes versés sur immobilisations, des dotations aux amortissements (28) ;
iii) les comptes de la classe 3 : comptes de stocks :
Cas d'achats de marchandises (31) et des matières premières (32), des autres approvisionnements (33), des stocks en cours de route, en consignation ou en dépôt ;
iv) les comptes de la classe 4 : comptes de tiers :
Gestion des fournisseurs et comptes rattachés (40), des clients (41), de l'Etat et collectivités(44) et cas des parties liées (46) ;
v) les comptes de la classe 5 : comptes de trésorerie :
Cas des sommes réellement décaissées par la banque (52), la caisse (57) et des virements internes (58) ;
vi) les comptes de la classe 6 : comptes de charges des activités ordinaires :
Cas des achats (60), des transports (61), des malis sur emballage (6224), des locations d'emballages (6225), des crédits-bails (6233, 6235), des entretiens, réparations et maintenance (624), des primes d'assurance (625), des autres charges (65) ;
vii) les comptes de la classe 7 : comptes de produits des activités ordinaires :
Cas des ventes (70), des subventions d'exploitation (71), des variations des stocks de biens et de services produits (73) ;
viii) les comptes de la classe 8 : comptes des autres charges et des autres produits :

Cas des charges hors activités ordinaires (83) et produits (84) hors activités ordinaires.

III.7.5.3. Examen

Le contrôle des systèmes de l'entreprise vise à s'assurer qu'une activité ou un processus spécifique se déroule conformément aux règles et réglementations douanières ou accisiennes applicables. Comme son nom l'indique, le contrôle des systèmes implique un examen de l'ensemble du cycle commercial et pas seulement des transactions elles-mêmes. Les faiblesses constatées dans les systèmes sont de bons indicateurs d'un manquement à la loi et peuvent ouvrir la voie à l'examen de transactions spécifiques visant à tester le système et à déterminer le niveau réel de respect de la loi[85].

La vérification des documents justificatifs est une procédure essentielle des CAP afin de déterminer l'exhaustivité, l'exactitude, la précision et l'authentification des déclarations de marchandises ou d'accises. Cet examen devra comprendre les documents conservés sur support papier ou sous format électronique, selon le système d'enregistrement des données de l'entité contrôlée, ainsi que les documents afférents des partenaires commerciaux et des tierces parties aux transactions. Outre les livres comptables, les reçus, les tableaux, et les documents d'origine conservés par l'entité contrôlée, les données examinées peuvent également inclure des données historiques de gestion et des informations sur les audits internes.

Si, lors d'un contrôle, le contrôleur soupçonne l'entité contrôlée d'avoir commis une infraction en matière douanière ou accisienne, l'équipe chargée du contrôle devrait entrer en contact avec l'unité concernée de lutte contre la fraude et fournir les renseignements nécessaires pour déterminer s'il convient de lancer une enquête officielle. Il importe de ne pas informer l'importateur/exportateur ou fabrique de tels soupçons.

Toutes les informations commerciales et autres données connexes considérées comme étant confidentielles ou qui sont fournies de

---

[85] IFAC, (2007), Op. Cit. p. 69.

manière confidentielle aux fins du CAP sont à considérer comme telles.

a. Examen des livres et des registres

Les livres et registres à examiner peuvent se présenter comme suit :

i) Livres et registres commerciaux :
Contrats de vente et d'achat, contrats d'assistance technique, contrat de commission, bons de commande, consignes de production, rapport de fabrication, courriers et autres registres pertinents pour la douane, notamment des déclarations de marchandises ou d'accises, des factures commerciales, des listes de colisage, des connaissements, des fiches techniques de produits, des brochures de produits et autres informations nécessaires pour vérifier l'exactitude des déclarations de marchandises ou d'accises ; et

ii) Livres et registres de comptabilité :
Ensembles des livres comptables, ainsi que tous les documents d'origine tels que les lettres de crédit, les relevés bancaires, les demandes d'envoi à l'étranger, et les notes de débit/crédit.

Les formalités de conservation des données dépendent des dispositions légales nationales en matière de conservation des données et varient selon les entreprises concernées. Il est donc nécessaire de comprendre les systèmes spécifiques mis en place par les entités contrôlées, grâce aux informations recueillies lors de la phase de préparation préalable au contrôle et lors du contrôle lui-même. Ces informations peuvent alors être vérifiées et testées. Lorsque l'entité contrôlée fait savoir que les livres et les registres habituellement tenus à jour par les entités commerciales n'existent pas ou ne sont pas disponibles, il convient de lui demander des explications. Concernant l'apparence des livres et registres présentés, le contrôleur doit prendre en compte les éléments suivants :

- Lorsque les livres et registres sont constitués par des feuilles volantes, il est nécessaire de vérifier les numéros des pages ou autres systèmes de numérotation pour établir si certaines pages auraient pu être remplacées ou enlevées.

- Pour ce qui est des documents commerciaux, vérifier si tous les registres de la période concernée ont été présentés, et ce, sans aucune omission.

Il est recommandé d'observer les lignes directrices générales fournies ci-dessous durant l'examen des livres et registres commerciaux :

- soyez attentif au mode de classement des documents. Un écart trop important entre les dates sur des feuilles qui se suivent, des feuilles manquantes ou une rupture dans la numérotation indique que des documents ont été soustraits ;
- soyez attentif à des différences dans les types et la qualité du papier, le style et la signature. La qualité et le type du papier, des formulaires et signatures utilisés pour des documents où figurent des fautes intentionnelles peuvent être différents de ceux des documents légitimes/ authentiques ;
- soyez attentif à l'origine des documents. Il faut savoir que les documents externes qui sont créés par des tierces parties non apparentées fournissent un niveau supérieur de fiabilité ;
- relevez les notes manuscrites insérées dans la marge et les documents intercalés; les fraudes et les erreurs sont souvent signalées de cette manière ;
- étudiez l'aspect spécifique de chaque page: un blanc anormalement grand, un pli inhabituel, et des perforations inutiles ;
- examinez le document original. Les copies et duplicata risquent plus souvent d'être falsifiés ;
- si l'entité contrôlée nie l'existence de registres ou refuse de les présenter, commencez par examiner les documents utilisés quotidiennement.

b. Examen des registres comptables ou vérifications comptables

Il s'agit de :

- test de validité sur un échantillon d'écritures comptables ;
- définition de la période de contrôle ;
- vérification du compte débiteur :

- vérification de la nature des factures douanières et des factures établies par la comptabilité ;
- étude approfondie des écritures qui ne concordent pas ;
- étude approfondie du compte débiteur sélectionné initialement, mais en faisant abstraction de la comparaison avec les déclarations effectuées au cours de la période de contrôle ;
- examen des infractions relevées ;

- vérification des comptes dépenses ou actif immobilisé :
  - étude approfondie du compte dépenses compensé par les opérations enregistrées au compte débiteur ;
  - étude approfondie du compte actif immobilisé compensé par les opérations enregistrées au compte débiteur ;
  - étude approfondie des imputations retenues initialement, mais ne comportant pas de rubriques cochées lors de la vérification ;
  - étude approfondie du compte actif immobilisé retenu initialement, mais ne comportant pas de rubriques cochées lors de la vérification ;
  - examen des infractions relevées ;
- vérification de la comptabilité des paiements :
  - détermination du mode de paiement ;
  - détermination des modalités de paiement ;
  - détermination des paiements effectués à un tiers.

Lors de l'examen de la comptabilité, les points suivants peuvent être révélateurs d'un niveau faible de respect de la loi et/ou de l'existence éventuelle d'une fraude :

- contradictions apparaissant entre les chiffres et les descriptions contenues dans les documents comptables ;
- documents qui n'ont pas été gérés d'après les règles comptables généralement acceptées. Par exemple, les écritures de crédit des comptes d'achat, qui contiennent habituellement un grand nombre d'écritures de débit, indiquent qu'il est possible que le prix transactionnel ait fait l'objet d'une remise ou d'un rabais après fixation du prix ;
- les comptes connexes devraient être examinés. Dans les systèmes de comptabilité en partie double, les informations concernant une transaction spécifique sont inscrites dans au

moins deux intitulés de compte. Une écriture de débit sur un compte apparaît comme une écriture de crédit sur un autre compte. Par conséquent, il est important de suivre l'information d'un compte à l'autre pour isoler les éventuelles fraudes et erreurs ;

- l'existence d'une seconde ou "double" facturation pour un même envoi ;
- la tenue des registres peu soignée, erreurs de calcul ;
- les pages manquantes dans les livres comptables ;
- l'importateur/exportateur ou le fabricant répond à contrecœur aux demandes et fournit des réponses trompeuses ou embrouillées.

c. Examen ou vérification de l'assiette imposable en douane ou des produits d'accises

Il convient de faire remarquer que l'évaluation en douane est un sujet complexe et qu'il est vivement recommandé de consulter des experts en la matière en cas de doute ou lors de l'examen de situations particulièrement difficiles. La douane est tenue d'offrir à l'importateur/exportateur la possibilité de répondre aux doutes suscités par la valeur en douane déclarée et de fournir une explication écrite concernant la détermination finale de cette valeur[86].

Les livres et registres commerciaux concernés par l'entité contrôlée sont d'une importance capitale pour vérifier la valeur en douane ou l'assiette imposable des produits d'accises. Ces documents doivent faire état de toutes les transactions commerciales. À travers l'examen des registres, les contrôleurs peuvent disposer d'une vision complète d'une transaction, susceptible de révéler, par exemple, une facturation incorrecte, des paiements séparés/indirects non déclarés et autres omissions soumises à des droits. Les contrôleurs seront ainsi en mesure de vérifier la valeur en douane ou l'assiette imposable des produits d'accises.

---

[86] OMC, (1994), Op. Cit. Article 17 et OMC, (1995), Décision 6.1 du Comité sur l'évaluation en douane.

i) Négociations de prix et rabais

Lorsque l'acheteur et le vendeur ne sont pas liés, on part du principe que le prix des marchandises importées a été librement négocié afin que chaque partie obtienne les conditions les plus favorables. Les négociations reposeront essentiellement sur les règles habituelles de l'offre et de la demande. En outre, dans le cadre de ventes, d'autres pratiques de détermination des prix sont couramment appliquées. Par exemple, des rabais peuvent être proposés à l'acheteur par le vendeur, sous certaines conditions, notamment :

- achat d'une certaine quantité ;
- paiement rapide ;
- paiements en liquide ;
- rabais pour fin de série/rupture de stock ;
- prix promotionnel pour de nouveaux produits.

Ces rabais constituent des pratiques commerciales habituelles et peuvent être autorisés lors de la détermination de la valeur en douane. Le contrôle permet de vérifier le caractère légitime du rabais consenti. L'importateur/ exportateur peut être prié de fournir des informations, figurant souvent dans le contrat de vente, afin de préciser les conditions requises pour bénéficier du rabais. En outre, des documents commerciaux peuvent confirmer que le rabais en question pouvait être consenti à n'importe quel acheteur potentiel remplissant les critères requis. Le contrôleur peut également confirmer si un rabais a été mérité par l'importateur, par exemple en payant dans les délais spécifiés pour pouvoir en bénéficier.

Lorsque l'acheteur et le vendeur sont liés au sens de l'Article 1 de l'Accord de l'OMC sur l'évaluation, il peut y avoir des raisons de déterminer si le prix a été influencé par la relation. Il est généralement difficile d'établir une influence sur les prix et il est donc recommandé dans ce genre de cas de consulter des spécialistes de l'évaluation en douane.

ii) Listes des prix commerciaux et documents afférents

Durant le contrôle, il est possible d'obtenir des renseignements sur la tarification du vendeur, notamment des listes de prix, des documents publicitaires et des offres spéciales. Même si de tels renseignements ne peuvent être utilisés pour réfuter une valeur déclarée, ils peuvent constituer un indice de déclaration insuffisante et l'importateur/exportateur peut être amené à fournir une explication.

iii) Conditions de paiement

Les conditions de paiement devraient être vérifiées sur les contrats, les documents d'expédition, et les registres de paiement. Les conditions de paiement peuvent être les suivantes: paiement anticipé, paiement à la livraison, paiement différé ou versements échelonnés.

La méthode de paiement choisie peut être de deux types, selon le mode de paiement: espèces ou lettre de change. La lettre de change peut-être une lettre de crédit (L/C), un document contre paiement (D/P) ou un document contre acceptation (D/A), selon qu'une L/C a été établie et selon la date prévue du paiement.

iv) Conditions de vente

Les conditions de vente doivent être vérifiées afin de déterminer si des coûts supplémentaires sont correctement inclus dans ou exclus de la valeur déclarée.

v) Conditions supplémentaires

Les conditions supplémentaires imposées à l'acheteur dans le contrat de vente doivent être prises en compte lors de la vérification de la valeur en douane. C'est le cas par exemple, lorsqu'un acheteur accepte de réduire la dette d'un vendeur à son égard en diminuant le prix des marchandises importées. C'est en examinant les contrats et les courriers échangés qu'il faut déterminer s'il existe des dispositions supplémentaires modifiant la valeur transactionnelle au sens de l'Article 1 de l'Accord de l'OMC sur l'évaluation.

vi) Paiements séparés

Il est possible de détecter dans les livres et registres comptables des paiements séparés liés à la transaction en question, mais non pris en compte dans le prix facturé. Ces paiements sont susceptibles d'être inclus dans la valeur transactionnelle, et il convient, notamment de vérifier:

- Le but du paiement séparé, qui peut être mentionné en détail dans les livres et registres tels que les contrats, les courriers échangés et les traites du bénéficiaire ; et
- La participation dans les transactions d'importation de personnes ou d'entreprises tierces comme les agents d'achat/ de vente, auxquels étaient destinés les paiements.
- Il importe de prendre en compte non seulement les paiements effectués par l'importateur, mais aussi les paiements effectués par les partenaires et les actionnaires de l'importateur.

d. Examen des systèmes comptables informatiques

Selon l'ISA 401, « l'utilisation des systèmes informatiques par les entreprises oblige le contrôleur à acquérir ou à avoir une connaissance suffisante de l'environnement informatique de l'entité pour planifier, diriger, superviser et revoir les travaux de contrôle effectués ». Il détermine si des compétences informatiques particulières sont nécessaires pour réaliser la mission. ». Celles-ci peuvent être utiles pour :

- obtenir une compréhension suffisante du système comptable influencé par l'environnement informatique ;
- déterminer l'incidence de l'environnement informatique sur l'évaluation générale du risque au niveau du solde des comptes et des catégories d'opérations ;
- concevoir et mettre en œuvre des tests de procédures et des contrôles substantifs appropriés ;
- les caractéristiques principales des systèmes des environnements et les contrôles qui y sont rattachés (conception, configuration du matériel informatique, sécurité, disponibilité des données, contrôles liés à l'environnement informatique, contrôles ...) ;
- si des compétences particulières sont requises, le contrôleur peut demander l'assistance d'un professionnel possédant ces compétences ; il peut s'agir d'un spécialiste interne ou externe informatique (ISA 620), dans la mesure où l'activité repose sur les systèmes informatiques : l'importance et la complexité des traitements informatisés (volume des opérations, calculs complexes, génération automatique des traitements et des opérations, échanges de données, etc.).

ENCADRE 7

La Norme internationale d'audit (ISA) 401, audit réalisé dans un environnement informatique.

La présente norme internationale d'audit (ISA) a pour objet de définir des principes fondamentaux et de préciser leurs modalités d'application concernant la démarche à suivre lorsque l'audit est réalisé dans un environnement informatique. Dans le cadre des normes d'audit, un environnement informatique existe lorsqu'un ordinateur, quels que soient son type et ses capacités, est utilisé pour le traitement d'informations financières d'importance significatives pour l'audit, que cet ordinateur soit exploité par l'entité ou par un tiers.

La Norme Internationale d'Audit (ISA) 620, utilisation des travaux d'un expert désigné par l'auditeur, *doit être lue à la lumière de la Norme ISA 200, « Objectifs généraux de l'auditeur indépendant et conduite d'un audit selon les Normes Internationales d'Audit ».*

La présente norme internationale d'audit (ISA) traite des obligations de l'auditeur relatives aux travaux d'une personne physique ou d'une organisation dans un domaine d'expertise autre que la comptabilité et l'audit, lorsque ces travaux sont utilisés pour l'aider à recueillir des éléments probants suffisants et appropriés.

Le contrôleur est confronté à la nécessité d'examiner des informations stockées dans des ordinateurs ou d'autres médias électroniques. Ces médias peuvent contenir des informations cachées, protégées et faciles à détruire. Des compétences peuvent être requises afin d'examiner les données contenues sur des systèmes informatiques gérés par l'opérateur économique. Le contrôleur informatique intervient sur une mission de validation des états financiers pour donner un confort au contrôleur financier dans :

- l'extraction des données qu'il ne peut pas facilement tirer de manière fiable du système informatique ;
- l'analyse des données traitées automatiquement par le système informatique[87].

Le contrôleur devra identifier les méthodes utilisées par l'opérateur économique pour tenir la comptabilité et stocker les documents. Dans les cas où les écritures sont tenues sur ordinateur, une liste de contrôles doit être établie, notamment :
- contrôle des systèmes informatiques ;
- logiciel concerné et base des données ;
- manuel des procédures ;
- système d'archivage.

Cette liste de contrôle aidera le contrôleur à déterminer la configuration du matériel et des logiciels qui constituent son environnement de travail, aussi cette liste l'aidera à préparer la saisie des écritures informatisées.
Une fois réunis tous les renseignements disponibles concernant les écritures informatisées, le contrôleur sera en mesure de se prononcer sur l'ampleur du contrôle et sur la méthode à retenir. Le contrôleur pourra déterminer, compte tenu des renseignements recueillis, s'il a les capacités techniques nécessaires pour travailler avec le système, si les employés de l'opérateur économique peuvent fournir les renseignements voulus ou s'il est nécessaire de consulter un tiers pour l'extraction, la mise en forme des renseignements voulus.

L'opérateur économique est tenu de fournir les données voulues sous toutes les formes (en dur ou en soft) et sur les supports voulus par le contrôleur. Le contrôleur peut utiliser divers programmes de contrôle spécialisés, notamment l'Audit Command Language (ACL), l'Interactive Data Extraction and Analysis (IDEA), SQL Ninja, MS Excel, SQL qui sont des programmes conçus pour aider à analyser et vérifier les écritures et pour comparer les renseignements avec les données douanières ou accisiennes. Il doit, à travers l'audit informatique, s'assurer que l'entité auditée exerce ses activités en

[87] MAKIESE Victor et MANZANZA Patrick, (2016), Note de cours d'Informatique appliquée à l'audit et à la comptabilité, ISC Kinshasa, Master OHADA en Gestion, Comptabilité et Audit, 2015-2016.

conformité avec la politique de sécurité et les procédures avalisées, ou une norme spécifique de sécurité informatique (ISO 2700, COBIT 5, ITL v3, ...). Il peut notamment utiliser les outils suivants : Entretien, WIRESHARK, NMAP, SNORT, SQL[88].

e. Vérification matérielle des marchandises et des locaux

Le niveau de vérification matérielle des marchandises au moment de l'importation a connu ces dernières années une diminution spectaculaire dans bien des pays. Des vérifications matérielles sélectives peuvent toujours se révéler utiles lorsqu'elles reposent sur des renseignements crédibles sur les risques. Les vérifications matérielles lors d'un contrôle ne constituent généralement pas une priorité ; dans de nombreux cas, les marchandises auront été revendues et ne se trouvent plus à la possession de l'entité contrôlée. Néanmoins, si les marchandises importées se trouvent encore à la possession de l'entité contrôlée au moment du contrôle, il peut être envisagé de procéder à une vérification matérielle afin de vérifier l'exactitude des déclarations d'importation dans des domaines comme la quantité, le classement et l'origine. Si une vérification matérielle n'est pas possible, les déclarations sur la quantité peuvent également être vérifiées par rapport aux documents d'inventaire de l'entrepôt.

L'examen des locaux de l'entrepreneur permet au contrôleur de comparer des opérations matérielles avec la description de l'entreprise tirée des comptes et des renseignements antérieurs. Le "cycle de vie" des marchandises peut ainsi être suivi de l'arrivée des marchandises jusqu'à leur enlèvement final, en passant par leur stockage/entreposage et leur production/traitement. Le contrôleur peut, en outre à cette occasion, prendre note d'autres activités susceptibles d'intéresser la douane comme, la présence de marchandises qui ne sont pas liées aux activités normales de l'entreprise ou l'extension et le développement de nouvelles installations pouvant indiquer une diversification ou un changement dans les activités de l'entreprise.

---

[88] MAKIESE Victor et MANZANZA Patrick, Op. Cit.

Par contre, pour les produits soumis aux droits d'accises, l'article 68 du Code des accises donne compétence aux agents d'accises pour exercer le contrôle et la surveillance des fabriques, dépôts, transports et commerces de produits soumis aux droits.

f. Extension du contrôle à des parties tierces

Le contrôle effectué auprès d'une tierce partie consiste en un examen des registres commerciaux conservés par les personnes/entreprises autres que les commissionnaires en douane, et ce, pour compléter le contrôle effectué auprès de l'importateur/exportateur ou fabrique pour les produits d'accises. La réalisation des objectifs du CAP passe en principe par un contrôle effectué auprès de l'importateur/exportateur ou fabricant. Cependant, si le contrôleur est confronté à l'une des situations énumérées ci-dessous, il y a lieu d'envisager de contrôler une tierce partie :

- l'importateur/exportateur n'a pas conservé les registres suffisants à obtenir des preuves concluantes;
- le contrôleur ne peut se fier aux registres présentés par l'importateur/exportateur, parce qu'ils sont faux ou ont été manipulés ;
- le contrôleur ne peut déterminer si l'importateur/exportateur a effectué les déclarations nécessaires, en raison de l'absence de preuves.

Les parties tierces susceptibles[89] d'être soumises à un contrôle sont notamment les personnes/entreprises suivantes :

- commissionnaires en douane ;
- personnes/entreprises confiant des marchandises à l'importateur/exportateur ou fabrique ;
- personnes/entreprises achetant des marchandises importées/exportées ou fabrique;

[89] Compte tenu des limites de la juridiction légale de l'autorité douanière, il est peu probable que les parties tierces soumises à un contrôle soient des personnes/entreprises à l'étranger ; néanmoins, la mise en œuvre des AAMA permet d'obtenir les renseignements sollicités et de demander à la douane du pays concerné d'enquêter pour le compte du pays demandeur.

- intermédiaire, courtier et autres agents participant aux transactions d'importation/exportation ou de participant dans la chaine de valeur de production d'un produit d'accises.

ENCADRE 8
La Norme internationale d'audit (ISA) 550, Parties liées, *doit être lue conjointement avec la norme ISA 200, Objectifs généraux de l'auditeur indépendant et réalisation d'un audit conforme aux Normes internationales d'audit.* *La présente norme internationale d'audit (ISA) traite des responsabilités qui incombent à l'auditeur, dans le cadre d'un audit d'états financiers, en ce qui concerne les relations et opérations avec les parties liées. Elle fournit des précisions sur la manière d'appliquer la norme ISA 315[1], la norme ISA 330[2] et la norme ISA 240[3] par rapport aux risques d'anomalies significatives associés aux relations et opérations avec les parties liées.* *[1]Norme ISA 315, Compréhension de l'entité et de son environnement aux fins de l'identification et de l'évaluation des risques d'anomalies significatives.* *[2]Norme ISA 330, Réponses de l'auditeur à l'évaluation des risques.* *[3]Norme ISA 240, les obligations de l'auditeur en matière de fraude lors d'un audit d'états financiers.* ***La Norme internationale d'audit (ISA) 720 (révisée), Responsabilités de l'auditeur concernant les autres informations,*** *doit être lue conjointement avec la norme ISA 200, Objectifs généraux de l'auditeur indépendant et réalisation d'un audit conforme aux Normes internationales d'audit.* *La présente norme ISA exige que l'auditeur lise et prenne en considération les autres informations parce que la présence d'incohérences significatives par rapport aux états financiers ou à la connaissance que l'auditeur a acquise au cours de l'audit peut indiquer*

ENCADRE 8
que les états financiers ou les autres informations comportent des anomalies significatives, ce qui peut compromettre la crédibilité des états financiers et du rapport de l'auditeur sur ces états. Ces anomalies significatives peuvent également influer de façon inappropriée sur les décisions économiques prises par les utilisateurs visés par le rapport de l'auditeur.

III.7.5.4. Consignation et examen des résultats et des conclusions

Il est indispensable de documenter en détail les résultats du contrôle. Des notes, des calculs et des comptes rendus écrits, des procédures réalisées durant le contrôle doivent permettre de constituer un rapport exhaustif. Les contrôleurs devraient veiller à obtenir des éléments de preuve suffisants, pertinents et fiables et à constituer une base saine pour formuler leurs conclusions.
Il est impératif de s'assurer que tous les documents pertinents pour le contrôle et toutes les notes prises sont conservés en sécurité. Il est nécessaire d'établir des reçus tant pour ce qui concerne les documents que pour les échantillons emportés, afin d'en faciliter le classement.

Après avoir terminé l'examen de la comptabilité de l'entreprise, le contrôleur devrait résumer les résultats qu'il a obtenus, en appréciant, pour cela, tous les éléments du contrôle, y compris l'inspection des locaux, les résultats des vérifications matérielles, et en examinant tous les documents de travail, etc., pour préparer le rapport de contrôle qui sera présenté à l'entreprise.

ENCADRE 9
***La Norme internationale d'audit (ISA) 450, évaluation des anomalies détectées au cours de l'audit**, doit être lue conjointement avec la norme ISA 200, Objectifs généraux de l'auditeur indépendant et réalisation d'un audit conforme aux Normes internationales d'audit.* *La présente norme internationale d'audit (ISA) traite de la responsabilité qui incombe à l'auditeur d'évaluer l'incidence des anomalies détectées sur l'audit et l'incidence des*

ENCADRE 9
anomalies non corrigées, le cas échéant, sur les états financiers. La norme ISA 700 traite de la responsabilité qui incombe à l'auditeur, lorsqu'il se forme une opinion sur les états financiers, de déterminer s'il a acquis une assurance raisonnable que les états financiers, pris dans leur ensemble, sont exempts d'anomalies significatives. Cette détermination, exigée par la norme ISA 700, tient compte de l'évaluation, en conformité avec la présente norme ISA[1], de l'incidence des anomalies non corrigées, le cas échéant, sur les états financiers. La norme ISA 320[2] traite de la responsabilité qui incombe à l'auditeur d'appliquer adéquatement le concept de caractère significatif dans la planification et la réalisation d'un audit d'états financiers.   *[1]Norme ISA 700, Opinion et rapport sur des états financiers, paragraphes 10 et 11.*   *[2]Norme ISA 320, Caractère significatif dans la planification et la réalisation d'un audit*

Il est indiqué de prévoir une réunion officielle avec l'entreprise contrôlée pour présenter les conclusions et résultats, et en discuter. Le cas échéant, le contrôleur/l'équipe chargée du contrôle doit fournir des explications concernant les causes des problèmes relevés et établir des recommandations quant aux mesures spécifiques à prendre pour y apporter une solution. Cette réunion permet également à l'entreprise contrôlée de fournir les explications nécessaires et de contribuer ainsi à la préparation du rapport final.

Il faut transmettre à l'entreprise les informations suivantes :

- la réunion sert à présenter les résultats du contrôle à l'entreprise, et elle sera suivie par un rapport écrit ;
- les résultats concernent uniquement la période couverte par le contrôle ;
- Un nouveau contrôle pourra être effectué sur la base des documents/échantillons qui ont été emportés pour vérification ;
- l'entreprise est susceptible d'être soumise à tout moment à un autre contrôle.

Le contrôleur, lors de la présentation du résumé des résultats du contrôle aux responsables de l'entreprise, devrait leur signaler toute négligence ou erreur et de discuter des mesures à prendre pour y remédier. Les erreurs relatives aux procédures mises en place par l'entreprise qui ont été détectées et décrites doivent être discutées lors de la réunion de clôture.

Le contrôleur devrait émettre des recommandations pour s'assurer que des mesures correctives seront prises. Un calendrier devrait aussi être fixé de commun accord par le contrôleur et l'entreprise pour la mise en œuvre des changements nécessaires.
Il convient d'inviter l'entreprise à répondre par écrit dans les délais prévus par l'administration des douanes et à indiquer les mesures qui ont été prises ou doivent être prises par la direction suite au contrôle.

Dans la plupart des cas, un accord se dégage lorsque l'entité contrôlée accepte les conclusions du contrôleur. S'il n'est pas possible de parvenir à un accord formel, le contrôleur devrait respecter le fait que l'entreprise a le droit de demander un réexamen ou de faire usage de son droit de recours prévu dans les dispositions de la législation nationale, et lui fournir à cet égard toute assistance raisonnable en vue de faciliter ces démarches.

ENCADRE 10
La Norme internationale d'audit (ISA) 265*, Communication des déficiences du contrôle interne aux responsables de la gouvernance et à la direction, doit être lue conjointement avec la norme ISA 200, Objectifs généraux de l'auditeur indépendant et réalisation d'un audit conforme aux Normes internationales d'audit.* *La présente norme internationale d'audit (ISA) traite de la responsabilité qui incombe à l'auditeur de communiquer de façon appropriée aux responsables de la gouvernance et à la direction, les déficiences du contrôle interne qu'il a relevées au cours d'un audit d'états financiers.* ***La Norme internationale d'audit (ISA) 500****, Éléments probants, doit être lue conjointement avec la norme ISA 200, Objectifs généraux de l'auditeur indépendant et réalisation d'un audit conforme aux Normes internationales d'audit.*

ENCADRE 10

La présente norme internationale d'audit (ISA) explique ce que l'on entend par « éléments probants » dans le cadre d'un audit d'états financiers et traite de la responsabilité qui incombe à l'auditeur de concevoir et de mettre en œuvre des procédures d'audit lui permettant d'obtenir des éléments probants suffisants et appropriés pour être en mesure de tirer des conclusions raisonnables sur lesquelles fonder son opinion.

La Norme internationale d'audit (ISA) 501*, Éléments probants — Considérations particulières concernant certains points, doit être lue conjointement avec la norme ISA 200, Objectifs généraux de l'auditeur indépendant et réalisation d'un audit conforme aux Normes internationales d'audit.*
La présente norme internationale d'audit (ISA) traite des considérations particulières prises en compte par l'auditeur pour obtenir des éléments probants suffisants et appropriés, conformément à la norme ISA 330, à la norme ISA 5002 et aux autres normes internationales d'audit pertinentes, en ce qui concerne certains aspects des stocks, des procès et litiges auxquels l'entité est partie et des informations sectorielles, dans le cadre d'un audit d'états financiers.

III.7.6. Clôture du contrôle et rapport final

Le contrôleur devrait rédiger un rapport provisoire et en fournir un exemplaire à l'entité contrôlée afin de lui permettre d'émettre ses avis et considérations pour rendre le contrôle contradictoire (Principe du contradictoire).
Après la prise en compte de l'opinion de l'entité contrôlée, le contrôleur rédige un rapport final dont la primeur est réservée à l'autorité qui chapeaute les CAP. Une fois le rapport final avalisé après le contrôle de qualité (forme et fond), il pourra être communiqué à l'entité contrôlée, un exemplaire devrait également être communiqué aux bureaux et unités de l'administration douanière concernés en vue de régler tous les problèmes survenus. D'une manière générale, le rapport final devrait énoncer les principaux résultats et les conclusions.

Durant le contrôle sur le terrain et la préparation du rapport, le contrôleur/l'équipe chargée du contrôle devrait émettre des avis sur le respect par l'entité contrôlée de la réglementation douanière ou accisienne et, dans la négative, sur les mesures à prendre pour corriger les irrégularités. Le cas échéant, le contrôleur/l'équipe chargée du contrôle sollicite l'avis technique des experts douaniers ou accisiens concernés dans les domaines de l'évaluation, du classement, de la production etc.
Le rapport peut également être examiné par un contrôleur de rang supérieur ou par un responsable du CAP, selon le cas. Ce processus peut amener à soulever des points à clarifier ou à corriger des inexactitudes dues au contrôleur.
Le rapport du CAP est une source de renseignements essentielle pour les responsables du CAP. C'est pourquoi, il importe de conserver et de stocker des exemplaires de tous les rapports en vue de la planification des CAP à venir et de la mise à jour des renseignements sur les risques.

ENCADRE 11
***La Norme internationale d'audit (ISA) 700 (révisée), opinion et rapport sur des états financiers**, doit être lue conjointement avec la norme ISA 200, Objectifs généraux de l'auditeur indépendant et réalisation d'un audit conforme aux Normes internationales d'audit.* *1. La présente norme internationale d'audit (ISA) traite de la responsabilité qui incombe à l'auditeur de se former une opinion sur les états financiers. Elle traite également de la forme et du contenu du rapport de l'auditeur délivré à l'issue d'un audit d'états financiers.* *2. La norme ISA 701 traite de la responsabilité qui incombe à l'auditeur de communiquer les questions clés de l'audit dans le rapport de l'auditeur. Les normes ISA 705[1] (révisée) et ISA 706[2] (révisée) traitent de la façon dont la forme et le contenu du rapport de l'auditeur sont touchés lorsque l'auditeur exprime une opinion modifiée ou lorsqu'il ajoute un paragraphe d'observations ou un paragraphe sur d'autres points dans son rapport. D'autres normes ISA contiennent également des exigences en matière de rapport qui s'appliquent à la délivrance d'un rapport de l'auditeur.*

[1] Norme ISA 705 (révisée) Modifications apportées à l'opinion formulée dans le rapport de l'auditeur indépendant.
[2]NormeISA 706(révisée) Paragraphes d'observation et paragraphes relatifs à d'autres points dans le rapport de l'auditeur indépendant.

La Norme internationale d'audit (ISA) 701, communication des questions clés de l'audit dans le rapport de l'auditeur indépendant, *doit être lue conjointement avec la norme ISA 200, Objectifs généraux de l'auditeur indépendant et réalisation d'un audit conforme aux Normes internationales d'audit.*
1. La présente norme internationale d'audit (ISA) traite de la responsabilité qui incombe à l'auditeur de communiquer les questions clés de l'audit dans son rapport. Elle porte à la fois sur le jugement de l'auditeur quant aux questions à communiquer dans son rapport et sur la forme et le contenu de cette communication.
2. L'objectif de la communication des questions clés de l'audit est de rehausser la valeur communicationnelle du rapport de l'auditeur en offrant une transparence accrue quant à l'audit réalisé.

III.7.7. Evaluation et mesures de suivi[90]

C'est à l'administration douanière qu'incombe la responsabilité de prendre des mesures appropriées basées sur les résultats du contrôle.
Elle devrait mettre en place un mécanisme permettant d'évaluer le succès du programme de CAP. Cela peut passer par :
- une amélioration des niveaux de respect de la loi ;
- la perception de recettes douanières ou accisiennes supplémentaires ;
- le nombre de demandes d'enquête ;
- Une analyse coûts/avantages.

[90] OMD, (2012), Op. Cit.

Si le rapport de contrôle recommande à l'entité contrôlée ou à l'administration douanière de prendre des mesures spécifiques, un examen de suivi pourrait être réalisé pour déterminer si les mesures rectificatives préconisées ont été prises et si les résultats désirés ont été obtenus. Le cas échéant, l'unité chargée du CAP peut effectuer des vérifications de suivi, telles qu'un contrôle effectué depuis les locaux des services douaniers ou une nouvelle visite des locaux de l'entreprise contrôlée

III.8. Liste des infractions détectables par le contrôle a posteriori

Le contrôle douanier ou accisien n'a pour finalité que la recherche, la détection et la répression du « mensonge » dans le chef de la personne contrôlée afin de rétablir le « réel voilé ».

A l'issue du contrôle a posteriori, les infractions suivantes sont susceptibles d'être constatées :

a) la contrebande – article 393 du Code des douanes ;
b) l'importation ou exportation sans déclaration des marchandises – articles 394 et 395 du Code des douanes ;
c) le déficit sur déclaration de chargement – article 385.2a du Code des douanes ;
d) l'excédent sur déclaration de chargement – article 396 du Code des douanes ;
e) la fausse déclaration dans la valeur, dans l'espèce, dans l'origine – article 386 du Code des douanes ;
f) le détournement des marchandises de leur destination privilégié – article 387 du Code des douanes.
g) la production des biens et services soumis aux droits d'accises sans être muni de l'autorisation prévue aux articles 5, 6, 7, 8 et 9 du Code des accises ;
h) la non déclaration de tout ou d'une partie de la cession des produits d'accises, la soustraction sur la déclaration des produits d'accises des quantités réputées exportées lorsque le producteur n'apporte pas de justificatifs, la non incorporation dans les quantités de produits soumis aux droits d'accises, des quantités cédées à titre onéreux, des quantités consommées ou utilisées en cours de fabrication ou de quelque façon que ce soit dans les installations du producteur, la non prise en compte de

quantités de produits soumis aux droits d'accises des quantités de produits correspondant aux freintes non autorisées - article 134 du Code des accises ;

i) la violation des dispositions des articles 21 et 22 du Code des accises - article 134 du Code des accises ;

j) la fausse déclaration dans la valeur, l'espèce, la marque ou l'origine des produits - article 135 du Code des accises.

III.9. Analyse stratégique des CAP à l'aide de la matrice SWOT

Pour Makunza Keke E. (2015)[91], l'analyse SWOT porte sur les forces et faiblesses, les opportunités et menaces dans une organisation. On l'appelle parfois FFOM, qui n'en est qu'une traduction française. Cette étude est utilisée pour la gestion et politique stratégiques d'une entreprise. Les facteurs internes, forces et faiblesses, vont avoir des effets positifs ou négatifs sur l'entreprise. Ils sont estimés à partir d'une technique d'évaluation interne, qui va déduire ses atouts et lacunes. Pour ce qui est des facteurs externes, on distingue les opportunités et les menaces. Ils ne peuvent être contrôlés par l'entreprise étant donné qu'ils résultent des éléments liés à son environnement économique, démographique, technique, politique…

Tableau 5 : Matrice SWOT

	ATOUTS	HANDICAPS
INTERNE	S Strenghts / Forces	W Weaknesses/ Faiblesses
EXTERNE	O Opportunities/ Opportunités	T Threats/ Menaces

Source : Makunza Keke E. (2015).

[91] Makunza Keke Edgard, (2015), Note de cours d'évaluation des entreprises, ISC Kinshasa, Master OHADA en Comptabilité et Audit 2015-2016.

III.9.1. Analyse SWOT des CAP

Une étude environnementale détaillée accroît la sensibilisation de l'administration douanière aux caractéristiques et aux attributs essentiels des risques auxquels elle doit faire face, y compris le type et la source du risque, l'élément exposé au risque et le niveau de capacité à contrôler le risque. L'étude aidera l'administration douanière à établir des orientations stratégiques pour les CAP et à renforcer les pratiques de gestion existantes qui appuient la réalisation d'une excellence générale de gestion.

III.9.1.1. Strengths / Forces

Les CAP offrent les avantages suivants :

a. la simplification des procédures et formalités pour l'entrée, la sortie ou le transit des marchandises ;
b. la garantie de la fluidité du trafic commercial par la prévisibilité en éliminant les goulets d'étranglements dus aux lenteurs des procédures ;
c. l'amélioration de l'efficacité de la chaine logistique internationale ;
d. la réduction des coûts et délais de réalisation des opérations commerciales et logistiques ;
e. l'instauration d'un environnement favorable à la compétitivité des opérateurs économiques ;
f. l'amélioration de la transparence dans les relations du couple Business-Administration (B To A ou B2A) ;
g. la facilitation de l'éducation des opérateurs économiques et la focalisation sur la gestion du respect global de la loi à long terme ;
h. la promotion des concepts de respect volontaire de la loi et d'auto-évaluation ;
i. l'amélioration du respect des réglementations liées au commerce extérieur et à la législation d'accises ;
j. la réduction de la contrebande et des autres infractions dans le chef des opérateurs économiques ;
k. la réduction du risque moral (corruption, collusion, pression, racket, trafic d'influence...) ;

l. l'amélioration de l'efficacité des contrôles douaniers et accisiens ;
m. la garantie de la traçabilité des opérations commerciales à partir du fabricant dans le pays d'exportation jusqu'au consommateur dans le pays d'importation ;
n. la création d'une plate-forme pour l'éligibilité et l'évaluation continue du droit au statut d'opérateur économique agréé ;
o. la garantie d'un meilleur usage des ressources.

III.9.1.2. Weaknesses / Faiblesses

Les faiblesses des CAP sont :

a. l'insuffisance de formation des agents en matière de technique comptable et d'audit ;
b. l'insuffisance d'effectifs affectés au contrôle en entreprise ;
c. la constatation différée des infractions éventuelles et recouvrement ajourné des amendes et pénalités ;
d. la faiblesse du taux de recouvrement des amendes et pénalités pour des administrations douanières faibles ;
e. le risque potentiel de baisse des recettes à court terme, si et seulement si, le seul garant des droits et taxes est la marchandise.

III.9.1.3. Opportunities /Opportunités

Nous pouvons résumer comme suit les principales opportunités qu'offrent les CAP :

a. l'assurance que les déclaration de marchandises et des produits d'accises sont correctes et ont été remplies conformément aux exigences de l'administration douanière, à travers l'examen des systèmes, des registres comptables et des locaux de l'entreprise ;
b. la vérification du montant des paiements légalement dus a été bien défini et acquitté ;
c. la facilitation des flux du commerce international des entreprises respectueuses de la loi ;
d. le suivi strict des conditions liées aux approbations et aux autorisations spécifiques, par exemple authentification préalable des documents de transit, certificats de

circulation/d'origine préférentielle, licences, dispositions relatives aux quotas, entrepôts sous douane ou sous contrôle d'accises et autres dispositions applicables pour des régimes simplifiés ;

e. la possibilité offerte à la douane d'encourager les opérateurs économiques à respecter les exigences douanières et accisiennes et de dispenser des conseils dans ce sens ;

III.9.1.4. Threats / Menaces

Les menaces à la mise en œuvre des Cap sont les suivantes :

a. la réticence dans le chef des opérateurs économiques en matière de transparence de gestion ;
b. la réticence des autorités politiques à cause des contraintes budgétaires qui pèsent très fortement et qui sont inquiètes à l'idée de libérer sans les avoir contrôlées des marchandises qui, dans leur esprit, sont « le garant » des droits et taxes et les CAP ne sont pas sans risques de pertes de recettes budgétaires ;
c. l'absence d'un plan directeur national pour l'enrôlement des nouveaux contribuables et d'une stratégie efficace en vue de l'asséchement du secteur informel ;
d. la survivance persistante du secteur informel et où les systèmes comptables sont non structurés, peu développés voire inexistants, où les échanges s'effectuent en argent liquide et où la localisation de l'entreprise peut se révéler problématique ;
e. le déficit de civisme fiscal et de la culture fiscale ;
f. la non adoption des techniques de gestion moderne qui permettent la consolidation des agrégats macroéconomiques à partir des comptabilités microéconomiques des petites, moyennes et grandes entreprises, c'est-à-dire une bonne tenue de la comptabilité nationale ;
g. l'immixtion des services extérieurs dans le processus de dédouanement ;
h. la survivance du risque moral (corruption, trafic d'influence et impunité).

Conclusion générale

Au terme de la présente étude axée sur l'optimisation des recettes grâce au contrôle douanier ou accisien, il a été clairement établi, en toute objectivité, que l'effort de service ou la productivité dans la collecte de recettes, grâce au contrôle a priori, est, si pas défaillant, mais connait des difficultés considérables. Nous avons essentiellement noté, au nombre de ces difficultés, outre l'épineux problème de risque moral, le problème chronique d'information incertaine et asymétrique, et l'entrave à la circulation de moyens de transport, de marchandises et de personnes constituant des obstacles techniques au commerce (OTC).

L'évolution rapide et continue du commerce international[92] a, grâce notamment à la mondialisation, aux autoroutes de l'information chères à Al Gore, à la numérisation de l'information, et à la dématérialisation de l'activité économique, affecté la manière dont les administrations des douanes gèrent leurs activités. Le simple volume des transactions transfrontalières ainsi que les nouvelles fonctions que les administrations des douanes assument de par le monde ont rendu les modèles opérationnels en grande partie redondants, de sorte qu'une nouvelle approche s'avère nécessaire. Les administrations des douanes doivent donc tenter de parvenir à un équilibre raisonnable et équitable entre la nécessité de garantir le respect de la loi et celle d'entraver le moins possible les mouvements licites de marchandises et de personnes.

Cet objectif peut être atteint en adoptant une approche holistique de gestion du respect de la loi basée sur les risques. En effet, le contrôle en entreprise couplé à la gestion des risques favorisé par le renseignement est un élément constitutif essentiel

---

[92]OMC,(2015), Statistiques du commerce international, Profils tarifaires dans le monde :Au cours des 20 dernières années, la valeur du commerce mondial des marchandises a presque quadruplé, atteignant 19 000 milliards de dollars américains en 2013 contre 5 000 milliards en 1996.

pour créer une approche de gestion du respect de la loi basée sur les risques.

Grâce à cette approche, l'administration douanière congolaise sera mieux positionnée pour parvenir à un respect durable de la loi lui permettant de faciliter les mouvements à faible risque et d'affecter la plus grande partie de ses rares ressources de contrôle à des domaines à haut risque ou inconnus.

L'adoption d'une approche de gestion du respect de la loi basée sur les contrôles post-dédouanement nécessite la rédaction d'une réglementation spécifique, la promulgation des tables des procédures ad hoc et la création d'une structure solide et opérationnelle de contrôle a posteriori. Cette architecture doit fournir la base et les dispositions organisationnelles nécessaires au contrôle par audit, permettant d'identifier, d'évaluer et de gérer les risques individuels dans l'ensemble de l'administration en habilitant les fonctionnaires à tous les niveaux à prendre des décisions reposant sur le risque, de manière structurée et systématique.

Les CAP définis officiellement comme des activités, sont avant tout une fonction de la douane et c'est avec des ressources appropriées, une structure adéquate, une règlementation normée et des tables des procédures édictées que les CAP sont susceptibles d'apporter le plus de valeur ajoutée.

Les CAP face aux enjeux de demain

Face aux changements continuels de l'environnement, le contrôle « vérification » doit devenir contrôle « maîtrise » en passant du contrôle a posteriori au contrôle « anticipatif » ou « prospectif », dans un processus d'amélioration continue[93]. La mise en œuvre des CAP n'est pas une option, mais une obligation pour atteindre les performances dans la collecte de recettes et la facilitation des échanges.

Les projets de règlementation des CAP et du manuel des procédures, que nous proposons, décrivent les principaux aspects de ce type de structure (cadre juridique et opérationnel). Pour que

---

[93] Doriath Brigitte, (2008), Contrôle de gestion, Paris, Edition : Dunod, 5e édition, p.6.

les CAP soient efficaces, ils doivent être alignés sur les objectifs généraux, l'orientation collective, la direction stratégique, les pratiques opérationnelles et la culture interne d'une administration, elle-même assise sur les standards internationaux admis. Afin de garantir que les CAP soient pris en considération en matière d'établissement de priorités et d'affectation des ressources, ils doivent être intégrés dans la gouvernance existante et dans les structures de prise de décision au niveau opérationnel et stratégique. Le succès ultime des activités des CAP découle souvent de l'efficacité avec laquelle les CAP peuvent être intégrés en tant que culture de l'administration. Le CAP est un outil de gestion de la conformité.

Les pratiques efficaces des CAP n'étant généralement pas établies du jour au lendemain, elles peuvent en fait nécessiter plusieurs années et un engagement rigoureux et continu de la part des décideurs politiques, des cadres supérieurs et du personnel à tous les niveaux de l'administration. Nombre des compétences et des ressources requises pour gérer efficacement les CAP. Ces ressources nécessitent une meilleure organisation afin d'aboutir à une approche plus structurée en matière de contrôle par audit.

Les CAP existant déjà au sein de la DGDA, il y a lieu de mener, notamment les actions suivantes :

- la nécessité de structurer la sous-direction de l'Audit a posteriori, en charge des CAP de la DBLF, de manière à mieux contrôler les différents secteurs d'activités de la RD Congo :
  - minier ;
  - télécommunications ;
  - brassicole ;
  - destination et mise en œuvre (admission temporaire, autorisation CKD-MKD, perfectionnement actif et passif, etc.) ;
  - mise en œuvre des avis du circuit orange ;
  - suivi des déclarations provisoires et incomplètes ainsi que des enlèvements d'urgence ;
  - suivi des exonérations octroyées dans le cadre du code des investissements, aux missions diplomatiques et consulaires, aux institutions internationales, ONG et

ASBL, à la MONUSCO, et aux marchandises importées dans le cadre des marchés publics à financement extérieur, ainsi qu'à celles relatives au partenariat stratégique, etc. ;
  - suivi des transits et des données des Représentations de la DGDA ; etc.
- le renforcement des capacités notamment en technique comptable, informatique ;
- l'adoption du manuel des procédures en révisant la décision relative aux CAP.

Notre pari ultime est d'aligner le contrôle douanier congolais sur la gestion axée sur les résultats (GAR). En effet, les CAP se présentent comme l'amorce d'un nouveau mode d'organisation de la collecte des recettes qui renforce la responsabilité des douaniers congolais dont les performances devront, dorénavant, être évaluées qualitativement et quantitativement. Ils devraient s'inscrire en priorité dans les programmes de modernisation de notre administration douanière. Nous saluons la mise œuvre de l'ASYPM par la DGDA, projet qui permettra à la Haute direction d'évaluer objectivement les performances des agents.

La mise en œuvre des CAP va limiter le risque moral en permettant l'amélioration de la qualité de l'information et, par conséquent les résultats des contrôles opérés, créant ainsi une sorte de dynamique de l'efficacité des contrôles.

Postface

Les administrations douanières sont souvent confrontées aux difficultés importantes pour concilier d'une part, les impératifs liés au contrôle des opérations de dédouanement et, d'autre part, les exigences inhérentes à la facilitation des échanges afin d'éviter des pertes de temps et des coûts additionnels aux entreprises et aux particuliers lors de ces opérations.

Après la publication, par les autorités compétentes, d'un Code des douanes et des textes qui ont doté la Direction Générale des Douanes et Accises (DGDA) de tous les pouvoirs en matière de contrôle par audit et des structures pour la réalisation de ces contrôles ainsi que la mise en œuvre de la gestion des risques, l'auteur explique pourquoi la mise en œuvre des contrôles a posteriori (CAP) n'est pas une option mais une obligation pour atteindre les performances dans la collecte des recettes et la facilitation des échanges.

Selon l'auteur, l'objectif de cet ouvrage est de proposer les cadres juridique et opérationnel pour l'optimisation des CAP au regard de la théorie économique de l'agence. Au-delà de la dimension polémique de tout contrôle a posteriori suscitée par les enjeux sous–jacents, il propose certaines recommandations que devraient respecter ces contrôles afin qu'ils soient les plus efficaces possibles.

Sur le plan juridique, il propose des projets de tables des procédures et des guides de vérifications thématiques qui pourraient alimenter le débat au sein de la DGDA sur la nécessité de compléter ou d'amender les textes qui définissent actuellement l'étendue des contrôles a posteriori, leur processus ainsi que les modalités de leur mise en œuvre.

Sur le plan opérationnel, il propose la restructuration de la Sous-Direction de l'audit a posteriori de la Direction de la Brigade Douanière et de Lutte Contre la Fraude de la DGDA par la création des cellules dédiées aux principaux secteurs d'activités (Mines, télécommunications, etc.). Il préconise aussi le renforcement des capacités des ressources humaines affectées dans ce service notamment en comptabilité et informatique.

Selon l'auteur, son pari ultime est d'aligner le contrôle douanier congolais sur la gestion axée sur les résultats (GAR). Pour lui, les CAP se présentent comme l'amorce d'un nouveau mode d'organisation de la collecte des recettes qui renforce la responsabilité des douaniers congolais dont les performances devront, dorénavant, être évaluées qualitativement et quantitativement. Ils devraient s'inscrire en priorité dans les programmes de modernisation douanière. Il salue, dans ce cadre, la mise en œuvre par la DGDA du projet relatif à la mesure de la performance grâce au logiciel ASYCUDA PERFORMANCE MEASURE (ASYPM) qui permettra l'évaluation objective des agents des douanes.

L'auteur considère le contrôle a posteriori non comme un outil d'assistance, voire de surveillance des douanes, mais plutôt comme un contrat induisant une surveillance mutuelle entre l'administration douanière et les opérateurs économiques, au plus grand bénéfice du donneur d'ordre, le Gouvernement, conformément à une des missions de la douane : la conception et la mise en œuvre des mesures visant la facilitation et la sécurisation des échanges commerciaux.

Cette vision est conforme aux recommandations de l'Organisation Mondiale des Douanes (OMD) qui vient de lancer le concept des frontières SMART pour des échanges commerciaux fluides et le mouvement sans entrave des personnes et marchandises (Thème retenu pour l'année 2019). Selon l'OMD, l'acronyme SMART résume les principes qui doivent guider la Douane dans ses fonctions de contrôle, de lutte contre la fraude et de facilitation ; à savoir : sécuriser les frontières, mesurer la performance, automatiser les procédés, gérer les risques et intégrer la technologie.

Ces principes renvoient obligatoirement à la mise en place des CAP. En effet, pour sécuriser les frontières, l'OMD recommande à la Douane, aux services gouvernementaux partenaires et aux opérateurs économiques à poursuivre leurs efforts en vue de l'objectif commun du renforcement de la sécurité de la chaine logistique et de l'efficacité fondée sur la confiance mutuelle et la transparence. Dans le cadre de normes SAFE, cette institution exhorte la Douane à recourir à l'audit a posteriori pour évaluer les entreprises aspirant au statut d'Opérateur Economique Agréé (OEA). C'est ce statut qui devait permettre à leur détenteur de bénéficier de certains avantages en termes de simplification des procédures douanières et des facilités en matière de contrôles de sécurité et de sureté.

Selon cette organisation, mesurer la performance réelle de la Douane dans la facilitation des échanges et le contrôle des frontières ainsi que l'évaluation du travail global sont deux piliers qui devaient aider les autorités douanières à prendre des décisions fondées. L'examen des indicateurs de performance en matière de facilitation et ceux relatifs à la mobilisation de recettes additionnelles à l'issue des vérifications physiques et des contrôles post dédouanement, devait permettre de prendre des décisions en faveur du recours aux CAP.

L'OMD pense qu'un cadre de gestion des risques, axé sur le renseignement et sur les données, devrait permettre aux administrations des douanes de gagner en efficacité, en particulier, au niveau de la prise de décision et à celui des interventions ciblées. Grâce à la mesure des performances, les autorités douanières pourraient prendre la décision de demander que la mainlevée soit accordée à tous les envois ayant un niveau des risques jugé faible et à les soumettre éventuellement aux CAP. L'automatisation des procédures et l'intégration de la technologie de pointe doivent jouer un rôle important dans la collecte et le traitement des renseignements et données nécessaires à la gestion des risques

La vision de l'auteur va aussi dans le même sens que celle du Législateur congolais qui a opté, à l'article 15, point 2 du Code des douanes, pour le principe de la limitation des interventions de la douane au minimum nécessaire dans la réalisation des contrôles douaniers, et prône plutôt le recours aux techniques de gestion de risques.

Cette vision est aussi conforme à celle du Gouvernement, reflétée dans l'arrêté ministériel n° 016/CAB/MIN/FINANCES/ 2011 portant mesures d'application du Code des douanes, lequel définit les concepts de contrôle par audit, de gestion des risques et d'opérateur économique agréé et stipule en son article 4 que « pour l'application des contrôles par audit, la douane coopère et conclut des protocoles d'accord avec les opérateurs du commerce qui présentent des conditions de fiabilité et respectent les principes de comptabilité en vigueur en République Démocratique du Congo et utilisent, dans la mesure du possible, les nouvelles technologies de l'information ».

Elle rencontre aussi celle du Président de la Fédération des Entreprises du Congo qui a émis, dans la préface du livre, le souhait de voir l'audit être utilisé comme critère afin d'offrir un traitement spécial à certains opérateurs économiques (Opérateurs Economiques Agréés).

Nous saluons cette vision ainsi que les différentes recommandations formulées par l'auteur qui pourraient utilement inspirer les débats sur les stratégies que la DGDA pourrait adopter dans sa transition vers les frontières intelligentes ou SMART, mais aussi alimenter les échanges dans le cadre du Forum Douanes-Secteur Privé. Elles pourraient aussi intéresser les chercheurs et autres spécialistes en commerce extérieur et finances publiques de la République Démocratique du Congo (RDC).

Par ailleurs, il sied de signaler que les procédures de contrôle a posteriori au niveau des douanes n'ont pas encore fait l'objet d'un ouvrage en RDC. Ce livre a le mérite de combler ce vide et d'exploiter l'une des voies pour trouver un équilibre entre la facilitation et le contrôle dans un pays où l'optimisation de la mobilisation des recettes demeure une préoccupation majeure.

Gabriel Mwepu Numbi
Directeur général Adjoint honoraire
(Direction générale des douanes et accises, RD Congo).

ANNEXES

Annexe I : Projet de règlementation des contrôles a posteriori

Dans le cadre de nos recherches et conformément à notre conclusion générale, nous proposons une ébauche de la réglementation des contrôles a posteriori et le manuel des procédures des CAP.

La quintessence de cette réglementation des CAP tire sa source entre autres des différents documents suivants :

- L'Ordonnance-Loi n° 10/002 du 20 août 2010 portant Code des douanes ;
- L'Ordonnance-Loi n° 18/002 du 13 mars 2018 portant Code des accises ;
- Le Décret n° 011/ 46 du 24 janvier 2011 portant mesures d'application de l'Ordonnance-Loi n° 10/002 du 20 août 2010 portant Code des douanes ;
- L'Arrêté ministériel n° 016 CAB/MIN/FINANCES/2011 du 11 avril 2011 portant mesures d'application de l'Ordonnance-Loi n°10/002 du 20 août 2010 portant Code des douanes ;
- La Décision n° DG/DGDA/DG/2011/296 du 11 août 2011 portant mesures d'application de l'Ordonnance-Loi n°10/002 du 20 août 2010 portant Code des douanes.

Cependant, cet éparpillement ne facilite pas une mise en œuvre cohérente et cache certaines insuffisances. Il y a lieu de produire une règlementation spécifique, structurée et convenable pour le service chargé des CAP. En effet, la fixation des prérogatives légales au travers d'une règlementation ad hoc est indispensable pour la bonne réussite des enquêtes, d'autant plus qu'il serait regrettable qu'une erreur ou méconnaissance de procédure puisse invalider ou compromettre le travail des contrôleurs. Aussi, chaque affaire contentieuse étant susceptible d'être présentée à un tribunal, il est indispensable que les agents de la douane observent un minimum de rigueur juridique dans le recueillement et le traitement des éléments de preuve.

1. Projet de règlementation relative aux contrôles a posteriori au sein de la DGDA

Faisant suite à l'article 15 du Code des douanes, ci-dessous, le projet de la Décision relative aux CAP :

REPUBLIQUE DEMOCRATIQUE DU CONGO
MINISTERE DES FINANCES
DIRECTION GENERALE DES DOUANES ET ACCISES
DGDA

Le Directeur Général

DECISION N° DG/DGDA/.../DG/... /20 ... DU ... /... /20 ... PORTANT REGLEMENTATION RELATIVE AUX CONTROLES A POSTERIORI AU SEIN DE LA DIRECTION GENERALE DES DOUANES ET ACCISES (DGDA).

LE DIRECTEUR GENERAL DES DOUANES ET ACCISES,

Vu l'Ordonnance-Loi n° 10/002 du 20 août 2010 portant Code des douanes ;

Vu l'Ordonnance-Loi n° 18/002 du 13 mars 2018 portant Code des accises ;

Vu l'Ordonnance n° ... /.... du ... . 20 .... portant nomination d'un Directeur Général et de deux Directeurs Généraux adjoints au sein d'un service public dénommé Direction Générale des Douanes et Accises, en sigle DGDA ;

Vu le Décret n° 09/43 du 03 décembre 2009 portant création et organisation de la Direction Générale des Douanes et Accises ;

Vu le Décret n°11/46 du 24 décembre 2011 portant mesures d'exécution de l'Ordonnance-Loi n° 10/002 du 20 août 2010 portant Code des douanes ;

Vu l'Arrêté Ministériel n°016 CAB/MIN/FINANCES/2011 du 11 avril 2011 portant mesures d'application de l'Ordonnance-Loi n°10/002 du 20 août 2010 portant Code des douanes ;

Vu l'Arrêté Ministériel n°50 CAB/MIN/FINANCES/2011 du 11 septembre 2011 fixant les délimitations des emplois des subdivisions douanières et des fonctions au sein du cadre organique de la Direction Générale des Douanes et Accises ;

Vu la Décision n° DG/DGDA/DG/2011/296 du 11 aout 2011 portant mesures d'application de l'Ordonnance-Loi n°10/002 du 20 août 2010 portant Code des douanes ;

Revu l'Instruction N° DG/DD/ADT/ADG/2005/003 du 08/02/2005 relative aux contrôles a posteriori du 08/02/2005 ;

Considérant la nécessité et l'urgence de renforcer les contrôles douanier et accisien, et la mise en œuvre des instruments juridiques relatifs à la facilitation et à l'assainissement du cordon douanier du commerce international en vue de l'amélioration du climat des affaires en République Démocratique du Congo ;

DECIDE :

TITRE I : DISPOSITIONS GENERALES

Article 1. De l'objectif

La présente réglementation a pour objet de définir les principes et les fondements des contrôles a posteriori qui seront effectués dans les locaux des opérateurs économiques, des déclarants et chez toutes les personnes physiques ou morales directement ou indirectement intéressées à des opérations régulières ou irrégulières relevant de la compétence de la douane, afin de détecter les transactions à risque ainsi que de vérifier l'exactitude des déclarations en douane, des déclarations des produits d'accises et des opérations de dédouanement pour fluidifier la circulation de marchandises, de moyens de transport et de personnes à la frontière douanière.

Article 2. Du fondement juridique

La présente décision a pour fondement :

(1) Les instruments mis en œuvre par l'Organisation Mondiale des Douanes (OMD), notamment la Convention de Kyoto révisée (CKR), la Convention d'Arusha et les directives aux fins du contrôle a posteriori ;
(2) Les instruments de facilitation du commerce du Marché Commun de l'Afrique Orientale et Australe (COMESA) ;
(3) Les dispositions des Accords d'Assistance Mutuelle Administrative conclus entre le gouvernement de la République Démocratique du Congo et les autres gouvernements ;
(4) L'Ordonnance-Loi n° 10/002 du 20 août 2010 portant Code des douanes ;
(5) L'Ordonnance-Loi n° 18/002 du 13 mars 2018 portant Code des accises ;
(6) Le Décret n° 011/46 du 24 janvier 2011 portant mesures d'application de l'Ordonnance-Loi n° 10/002 du 20 août 2010 portant Code des douanes.

(7) L'Arrêté Ministériel n°016 CAB/MIN/FINANCES/2011 du 11 avril 2011 portant mesures d'application de l'Ordonnance-Loi n°10/002 du 20 août 2010 portant Code des douanes ;

(8) La Décision n° DG/DGDA/DG/2011/296 du 11 août 2011 portant mesures d'application de l'Ordonnance-Loi n°10/002 du 20 août 2010 portant Code des douanes.

Article 3. Des définitions de base

Au sens de la présente réglementation, il faut entendre par :

(1) Accords d'assistance mutuelle administrative / AAMA :
Conventions internationales prévoyant la prise, par la douane pour le compte d'une autre administration douanière ou en collaboration avec celle-ci, des mesures en vue de l'application correcte de la législation douanière et de la prévention, de la recherche et de la répression des infractions douanières ;

(2) Agent des douanes :
Un agent de l'administration des douanes en charge des opérations douanières et/ou accisiennes;

(3) Déclarant :
Personne morale ayant pour profession d'accomplir, en son nom et pour compte d'autrui, les formalités douanières concernant la déclaration de marchandises ;

(4) Déclaration des marchandises :
L'acte fait dans la forme prescrite par la douane, par lequel les intéressés indiquent le régime douanier à assigner aux marchandises et communiquent les éléments dont la douane exige la déclaration pour l'application de ce régime ;

(5) Comité national en charge des contrôles a posteriori et d'assurance qualité dénommé Comité national, (CNCAP) : Il s'agit d'un comité composé :
- du Directeur Général des Douanes et Accises, Président du Comité national ;
- des Directeurs généraux adjoints des douanes et accises ;
- de la Direction du Bureau de Coordination de la DGDA ;
- de la Direction de la Brigade et la Lutte contre la Fraude de la DGDA, Secrétariat technique ;
- de la Direction de l'Audit Interne de la DGDA ;
- de la Direction des Affaires Juridiques et Contentieuses de la DGDA ;
- de la Direction de la Réglementation et Facilitation de la DGDA ;
- des Inspections provinciales en charge du contrôle a posteriori de la DGDA ;
- de toute personne ressource invitée par le Président du Comité national.

Les attributions, le mode de fonctionnement du comité sont fixés par une décision du Directeur Général des Douanes et Accises ;

(6) Contrôle a posteriori :
Le moyen permettant à la douane de s'assurer de l'exactitude et de l'authenticité des déclarations en vérifiant les livres, registres, systèmes comptables et

données commerciales pertinentes détenues par les personnes ou les entreprises concernées dans leurs locaux ou au moyen d'un questionnaire ;

(7) Contrôle qualité :
Il s'agit de contrôle effectué par le comité national en charge des contrôles a posteriori et d'assurance qualité et qui émet ses avis et recommandations sur le rapport de mission avant sa notification à la personne contrôlée ;

(8) Contrôleur ou enquêteur :
Un agent de l'administration des douanes habilité à faire le contrôle a posteriori ;
Au sens de la présente décision, le Contrôleur affecté au contrôle a posteriori n'est pas à confondre au Contrôleur hiérarchique et fonctionnel tel que défini par l'Arrêté ministériel n°50 CAB/MIN/FINANCES/2011 du 11 septembre 2011 fixant les délimitations des emplois des subdivisions douanières et des fonctions au sein du cadre organique de la Direction Générale des Douanes et Accises

(9) Dédouanement :
L'accomplissement des formalités douanières nécessaires pour mettre des marchandises à la consommation, pour les exporter ou encore pour les placer sous un autre régime douanier ;

(10) Examen de la déclaration des marchandises ou des produits d'accises:
Les opérations effectuées par la douane pour s'assurer que la déclaration des marchandises ou des produits d'accises est correctement établie, et que les documents justificatifs requis répondent aux conditions prescrites ;

(11) Installations du fabricant :
L'usine et ses aires et magasins, de stockage sont assimilés aux installations du fabricant, les installations de l'opérateur des télécommunications ;

(12) Marchandises :
Toutes choses, sans exception, telles que matières brutes ou ouvrées, denrées, animaux, véhicules, instruments de paiement (monnaies métalliques ou fiduciaires), effets publics, titres de sociétés, originaires ou non de la République Démocratique du Congo, commerçables ou non, ayant ou non une valeur commerciale, soumises ou non aux droits et taxes à l'importation ou à l'exportation ;

(13) Moyen de transport :
Les véhicules routiers et remorques, bateaux et aéronefs, ainsi que leurs pièces de rechange, leurs accessoires et équipements normaux importés ou exportés par l'intéressé exclusivement pour son usage personnel, à l'exclusion de tout transport de personnes à titre onéreux et du transport industriel ou commercial de marchandises à titre onéreux ou non ;

(14) Opérateur :
Toute personne physique ou morale, exploitant un réseau de télécommunication ;

(15) Personne :
Soit une personne physique ou morale, soit, lorsque cette possibilité est prévue par la réglementation en vigueur, une association de personnes reconnue

comme ayant la capacité de poser des actes juridiques sans avoir le statut légal de personne morale ;

(16) Plan des contrôles a posteriori :
Le plan comportant les données utilisées pour définir le programme des contrôles a posteriori ;

(17) Producteur :
Tout producteur des biens et services soumis aux droits d'accises ;

(18) Production :
Une ou plusieurs opérations ayant pour but d'obtenir un bien ou un service ;

(19) Produits d'accises :
La liste limitative des biens ou services soumis aux droits d'accises ;

(20) Produits pétroliers :
Les carburants terrestres et d'aviation ;

(21) Programme des contrôles a posteriori :
Le programme annuel ou limité, préparé dans le cadre du plan des contrôles a posteriori ;

(22) Switch :
Centrale de téléphonie qui enregistre les flux de communication ;

(23) Télécommunication :
Toute transmission, émission, réception des signes, des signaux, d'écrits, d'images, de sons ou de renseignements de toute nature, par fil, par radioélectricité, optique ou autres systèmes électromagnétiques.

Article 4. Du champ d'application

La présente réglementation couvre les principes et les fondements des contrôles a posteriori qui seront effectués, entre autres, dans les locaux des opérateurs économiques, des déclarants et chez toutes les personnes physiques ou morales directement ou indirectement intéressées à des opérations régulières ou irrégulières relevant de la compétence de la douane.

TITRE II : PLANIFICATION ET NOTIFICATION DES CONTROLES A POSTERIORI

Article 5. Du plan

Les contrôles a posteriori reposent sur une planification stratégique et sont systématiques. Les personnes à contrôler au cours d'une année civile sont désignées au préalable dans un plan des contrôles a posteriori proposé par la Sous-direction des stratégies et planification de la Direction de la Brigade et Lutte contre la Fraude et adopté par le comité national en charge des contrôles a posteriori et d'assurance qualité suivant des indicateurs des risques précis et enfin, approuvé par le Directeur Général des douanes et accises.

Article 6. Du programme

(1) Le programme des contrôles a posteriori est préparé et présenté au comité national en charge des contrôles a posteriori et d'assurance qualité par le secrétariat technique ;
(2) Ce programme mentionne la base légale des contrôles a posteriori, les personnes ou les opérations à contrôler ainsi que les termes de référence, la portée et la date des contrôles a posteriori ;
(3) Une fois approuvé par le comité national en charge des contrôles a posteriori et d'assurance qualité, le programme prend la forme d'une décision signée par le Directeur Général des Douanes et Accises et entre en vigueur à la date de sa signature ;
(4) Sans préjudice des dispositions de l'article 5 ci-dessus, la douane peut effectuer de manière ponctuelle tout contrôle lorsqu'elle le juge nécessaire ;
(5) Le contrôle peut être permanent, régulier ou occasionnel ;
(6) Sur proposition du contrôleur et sous réserve de l'approbation du Président du comité national en charge des contrôles a posteriori et d'assurance qualité, le champ d'application du programme des contrôles a posteriori pourra être complété et étendu.

Article 7. De la notification (de l'avis de passage) pour le CAP

(1) La personne contrôlée est informée par écrit de l'objet, de la durée et de la date du début du contrôle au moins quinze (15) jours avant le début du contrôle par le contrôleur-chef d'équipe de mission ;
(2) Lorsque la personne soumise au contrôle a posteriori demande un report du contrôle de manière écrite en invoquant une raison valable et acceptable dans les sept (07) jours suivant la notification, le report peut être accordé dans des cas exceptionnels ;
(3) Lorsqu'une notification préalable serait de nature à nuire au contrôle a posteriori, le contrôleur ne le notifiera pas. Dans ce cas, le contrôleur notifiera la personne concernée sur place, dans ses locaux.

Article 8. De la réunion initiale

(1) Le contrôleur-chef d'équipe de mission doit présenter l'ordre de mission ou de service et présenter les membres de son équipe à un cadre désigné ou habilité par la personne contrôlée ;
(2) La personne contrôlée peut, le cas échéant, se faire coachée par une consultance, un cabinet d'avocat ;
(3) Le cadre, désigné ou habilité par la personne contrôlée, doit répondre aux besoins du contrôleur et désigner une interface pour assurer un niveau acceptable de coopération ;

(4) La personne contrôlée doit également être informée des éléments suivants :
- Les grandes lignes des termes de référence de la mission, la méthodologie appliquée ;
- La procédure générale suivie lors du contrôle et ses objectifs ;
- Le détail des documents (en dur et/ou en soft) qui devront être fournis (en précisant la période qui sera examinée, si elle est connue) ;
- Les équipements qui doivent être mis à la disposition du contrôleur (par exemple, une zone de travail appropriée).

TITRE III : PRINCIPES ET FONDEMENTS MAJEURS DES CAP

Article 9. Des objectifs des CAP

Les contrôles a posteriori sont conçus pour prévenir en premier lieu la survenue d'éventuelles anomalies, et à détecter et corriger ensuite les anomalies après qu'elles se soient produites lors de la déclaration de marchandises à la douane ou lors de la soustraction au contrôle douanier de marchandises par la contrebande, ou encore lors de la déclaration des produits d'accises, la soustraction de certaines quantités de la production aux droits d'accises.

Article 10. De l'habilitation du contrôleur

Les agents des douanes ou d'accises revêtus d'un grade de commandement peuvent être désignés contrôleurs pour effectuer les contrôles a posteriori au niveau tant national que local.

Article 11. De la capacité, de la qualité du contrôleur

(1) Le contrôleur doit avoir la connaissance de la comptabilité, du secteur d'activité concerné de la personne contrôlée, de l'environnement réglementaire et des autres facteurs externes, y compris le référentiel comptable applicable à l'activité principal de la personne contrôlée ;
(2) Outre les qualités attendues d'un fonctionnaire de l'administration douanière telles que :
- L'intégrité ;
- La compétence professionnelle ;
- Les aptitudes physiques et psychologiques.

Le contrôleur doit :
- Avoir un sens élevé de la responsabilité et de l'éthique professionnel ;
- Etre fiable ;
- Etre motivé ;
- Posséder à un degré élevé certaines qualités :
  - Dévouement ;
  - Esprit d'équipe ;
  - Esprit de décision ;

➢ Perception ;
➢ Persévérance ;
➢ Aptitude à retenir et à restituer ce qu'il a appris ;
➢ Initiative ;

- Posséder des aptitudes professionnelles spécifiques :
  ➢ Connaitre les techniques d'enquête ;
  ➢ Connaitre l'utilisation de certains moyens et techniques etc.
- Connaitre les législations pertinentes :
  ➢ Prérogatives juridiques du contrôleur ;
  ➢ Droits du citoyen ;
  ➢ Constatations des infractions en matière douanière et accisiennes ;
  ➢ Implication juridique d'un cas de violation de la loi.

Article 12. Des prérogatives du contrôleur

(1) Le droit d'accéder aux locaux de la personne contrôlée ;
(2) Le droit d'examiner les registres et les systèmes commerciaux ainsi que les données commerciales en relation avec les déclarations douanières et des produits d'accises ;
(3) Le droit d'inspecter les locaux de la personne contrôlée ;
(4) Le droit de confisquer et de conserver les documents et registres commerciaux ;
(5) Le droit d'inspecter, de saisir des marchandises ou la production pour les produits d'accises et d'en prélever des échantillons.

Article 13. Des personnes ou opérations soumises aux CAP

(1) Les contrôles a posteriori effectués dans le cadre de cette réglementation portent sur les personnes ou opérations qui sont liées directement ou indirectement aux opérations de douane (de production des produits d'accises) ou sur d'autres personnes qui disposent des documents et données liés aux opérations de douane (de production des produits d'accises) dans le but d'entreprendre des actions commerciales, de permettre la détection des documents commerciaux et autres données en rapport avec les opérations de douane (de production des produits d'accises) ou des activités ultérieures ;
(2) Le pouvoir arrêtant le pouvoir, les CAP peuvent se muer en contrevérification des activités d'un bureau de douane en vue de la vérification de la conformité aux législations en vigueur ;
(3) La sélection des personnes ou des opérations à contrôler est déterminée par le Comité national en charge des contrôles a posteriori et d'assurance qualité sur la base d'une analyse des risques. Suivant le profil de la personne à contrôler et ses activités (type de commerce, nature des marchandises, montant des droits et taxes en jeu, etc.) ;

(4) Dans l'organisation des contrôles, la douane évalue les risques au regard des critères de risque retenus au niveau national, provincial et local, et fondés notamment sur les éléments ci-après :

   a) Le régime douanier déclaré ;
   b) La réputation de l'importateur, de l'exportateur, du producteur, de l'opérateur, du transporteur ou du déclarant en douane, du commissionnaire en douane ;
   c) La nature de la marchandise ou de la production des produits d'accises ;
   d) Le taux des droits et taxes ;
   e) L'origine ou la provenance de la marchandise soumis aux droits de consommation à l'importation ou des produits d'accises ;
   f) La destination de la marchandise ou des produits d'accises ;
   g) La déclaration de chargement et de transit ;
   h) Le document de transport ;
   i) L'itinéraire et l'heure d'arrivée inhabituels au bureau de douane ;
   j) Le nombre et la nature des colis ;
   k) La cohérence entre l'énonciation de la déclaration et les informations fournies par les documents joints ;
   l) Les renseignements obtenus sur la marchandise ou la production des produits d'accises, le moyen de transport ou le voyageur ;
   m) Les marchandises soumises à des mesures de restriction à l'importation ou à l'exportation ;
   n) La personnalité du voyageur ;
   o) Un critère aléatoire utilisé d'une manière discrétionnaire ;

(5) Les critères visés au point (3) ci-dessus sont mis à jour à intervalles réguliers afin de garantir l'efficacité des contrôles douaniers ou accisiens. Aux fins de cette mise à jour, la douane :

   a) Catégorise les secteurs de risques ;
   b) Sélectionne le critère de risque en choisissant les renseignements généraux ;
   c) Détermine l'indicateur des risques en précisant le critère retenu ; et
   d) Etabli le profil de risque en combinant deux ou plusieurs indicateurs de risque.

Article 14. De la mise à jour du fichier général des personnes à contrôler et des indicateurs des risques

(1) Chaque année, le secrétariat technique du comité en charge des contrôles a posteriori et d'assurance qualité devrait mettre à jour ses connaissances des personnes, des marchandises, des produits d'accises, des régimes, des origines, des provenances, du tarif douanier et de tout autre indicateur des risques, et documenter les changements significatifs d'une manière détaillée ;

(2) Cette mise à jour est consécutive aux mises à jour des critères de sélectivité, de la base des données valeur à l'importation, de la structure des prix pour les produits pétroliers, des valeurs de base (mercuriale) à l'exportation, du répertoire des dossiers contentieux et du répertoire des opérateurs économiques agréés.

Article 15. De la portée

(1) Les contrôles a posteriori visent à définir la position des opérateurs économiques, des déclarants vis-à-vis des droits de douane ou d'accises pour déterminer s'ils remplissent les exigences découlant des législations ;
(2) Les contrôles a posteriori peuvent se limiter à certaines activités ;
(3) Les contrôles a posteriori effectués par la douane peuvent porter sur :
   a) Les marchandises ayant fait l'objet d'une procédure simplifiée (contrôles différés) ;
   b) Les marchandises ayant bénéficié d'un régime de faveur sur leur destination ou utilisation (contrôle de destination et de mise en œuvre) ;
   c) Les déclarations des éléments relatifs à la valeur ou à l'origine des marchandises ;
   d) Les autres marchandises, quel que soit le niveau de risque, présentées lors de dédouanement ;
   e) Les produits d'accises ;
(4) Les contrôles a posteriori bien que reposant tout particulièrement sur l'examen des livres et des dossiers, ne se limitent pas qu'aux informations financières de la personne contrôlée ; ils intègrent notamment, le contrôle opérationnel, le contrôle informatique, le contrôle des processus liés aux activités de production, et la conformité aux lois et les règlements en vigueur.

Article 16. Des lieux des contrôles a posteriori

(1) Les contrôles a posteriori sont effectués dans les locaux des personnes mentionnées à l'article 13 (1) ci-dessus ; Néanmoins, lorsque ce n'est pas possible, les contrôles peuvent avoir lieu dans les bureaux de la douane s'il y en a là où est établie la personne, et dans le cas contraire, dans d'autres bureaux de l'administration. Si la personne concernée par le contrôle dispose de nombreuses filiales à différents endroits, le contrôle peut avoir lieu au siège central.
(2) Suivant l'importance et l'emplacement de la personne à contrôler, la douane peut décider d'enquêter dans les installations douanières ou de lui faire remplir un questionnaire afin d'évaluer les forces et les faiblesses de son système commercial.
(3) Dans ce cas, la douane procède à la récolte des données sur la personne à contrôler. Ces données peuvent concerner notamment les éléments sur les marchandises en cause, la production des produits d'accises en cause,

l'organisation et la structure de la personne à contrôler, les éléments de faits relatifs à la valeur en douane et la tenue de la comptabilité.

Article 17. Des heures des contrôles a posteriori

(1) Les contrôles a posteriori sont effectués pendant les heures d'ouverture de service de la personne contrôlée, à moins que celle-ci n'accepte qu'ils soient réalisés en dehors des heures d'ouverture ;
(2) Sans préjudice au point (1) ci-dessus, l'accès aux locaux et lieux à usage professionnel, ainsi qu'aux terrains et aux entrepôts où les marchandises et documents, a lieu entre 5 heures et 21 heures ou, en dehors de ces heures, lorsque l'accès au public est autorisé, ou lorsque sont en cours des activités de production, de fabrication, de conditionnement, de transport, de manutention, d'entreposage ou de commercialisation.

Article 18. De l'auto-évaluation de la personne à contrôler

(1) Préalablement à l'exécution des opérations de contrôle proprement dites, la douane peut inviter la personne à contrôler à faire une auto-évaluation, un examen et une analyse de ses propres opérations en rapport avec le contrôle.
(2) Le refus par la personne à contrôler d'effectuer une auto-évaluation n'empêche pas la poursuite du contrôle.

Article 19. Du risque des contrôles a posteriori

Le contrôleur doit planifier et effectuer sa mission pour réduire le risque du contrôle a posteriori à un niveau faible acceptable répondant aux objectifs d'un audit standard selon les normes internationales d'audit.

Article 20. Des procédures

Les tables des procédures codifiées sont à l'annexe à la présente réglementation et en font partie intégrante.

Article 21. Des obligations de la personne contrôlée

(1) Obligation de tenir à jour les documents, informations et registres spécifiés ;
(2) Obligation de conserver ces documents, informations et registres pendant une durée non inférieure à dix (10) années ;
(3) Lorsqu'un contrôle de la douane en fait apparaître la nécessité, les documents et informations peuvent être conservés pendant un délai plus long, mais n'excédant pas 15 ans ;
(4) Sources internes d'information : la personne contrôlée doit fournir rapidement toutes les données, les informations et tous les registres, livres et autres documents nécessaires sur lesquels se basera le contrôle ;

(5) Elle doit également permettre au contrôleur d'avoir accès directement ou indirectement aux documents requis, aux données et aux documents présents dans les systèmes de traitement des données ;
(6) Sources externes d'information : lorsque la personne contrôlée n'est pas en mesure de fournir des renseignements ou que les renseignements qu'elle donne ne fournissent pas suffisamment d'explication, le contrôleur peut demander des renseignements à toute autre personne concernée, conformément à l'article 13 (1) ci-dessus, qui sera tenue de fournir les informations demandées ;
(7) La personne contrôlée doit fournir un poste de travail adapté et tout autre matériel nécessaire pour le bon déroulement de la mission de contrôle.

Article 22. Des droits de la personne contrôlée

(1) Droit d'obtenir de la part du contrôleur des explications concernant la détermination de la valeur en douane ou de l'assiette imposable pour les produits d'accises ;
(2) Droit d'attendre un respect de la confidentialité des documents commerciaux ;
(3) Droit d'émettre ses avis et considérations sur les constatations faites par le contrôleur ;
(4) Droit d'être pleinement informée des conclusions de la mission de contrôle ;
(5) Droit de recours ;
(6) Droit d'obtenir la facilitation de la mainlevée des marchandises et de se faire élire comme opérateur économique agréé, le cas échéant, si le résultat du contrôle est satisfaisant pour la douane.

Article 23. Des données, informations et documentation à contrôler

Le contrôleur demande auprès de la personne contrôlée des renseignements détaillés sur la nature des écritures, du référentiel comptable applicable à l'activité principal et des documents dont il a besoin ; Il se fait communiquer les caractéristiques des systèmes de traitement des données à l'aide d'un questionnaire.
La personne contrôlée communique aussi le manuel du processus de production de sa fabrique pour les produits d'accises.
Il s'agit notamment :

(1) Des documents douaniers ;
(2) Des factures commerciales ;
(3) Des écritures relatives aux expéditions ;
(4) Des commandes ;
(5) Des bons de livraison ;
(6) Des listes des intrants pour la production ;
(7) Des écritures commerciales ;
(8) Des contrats d'achat, de vente, d'assurance, de transport, de commission ;
(9) Des inventaires, journaux comptables, grands livres, toute correspondance commerciale ;

(10) Des écritures relatives aux paiements ;
(11) Des pratiques et méthodes utilisées pour comptabiliser et stocker les documents, ainsi que pour produire ;
(12) Des rapports, consignes de production ;
(13) Des matériels et logiciels informatiques utilisés.

Article 24. De la communication des questions soulevées à l'occasion des contrôles a posteriori et des constatations

(1) La personne contrôlée est tenue entièrement au courant des constatations qui pourraient être faites pendant le contrôle ;
(2) Depuis la planification jusqu'à l'achèvement des opérations de contrôle, la coordination et la communication doivent être assurées entre d'une part, la mission de contrôle et la personne contrôlée et d'autre part, la mission de contrôle et les autres services de la douane ;
(3) Sans préjudice de l'objectif et de la procédure du contrôle a posteriori, la personne contrôlée sera informée des conclusions du contrôle et des conséquences juridiques de ces conclusions ;
(4) La conclusion de l'entrevue finale est décrite dans un procès-verbal qui mentionne également le lieu, la date, le sujet de l'entrevue ainsi que les noms, titres et signatures de tous les participants. Une copie du procès-verbal est donnée à la personne contrôlée.

Article 25. Du caractère contradictoire des constatations

(1) Le contrôleur effectuant les contrôles a posteriori examine chaque élément, à charge ou à décharge de la personne contrôlée, conformément à la législation douanière ou accisienne et à toute autre législation concernée ;
(2) Au terme du contrôle, le contrôleur tient une entrevue finale à laquelle prend part la personne contrôlée pour lui présenter les conclusions provisoires du contrôle et lui donner l'occasion de faire sa propre opinion et de présenter ses moyens, en vue de l'élaboration du rapport final ;
(3) La personne contrôlée dispose de quarante-huit (48) heures pour faire parvenir au contrôleur ses avis et considérations sur les conclusions provisoires de la mission de contrôle ; Passé ce délai, les conclusions provisoires seront considérées comme définitives.

Article 26. De la constatation des infractions

(1) Les contrôles a posteriori doivent passer par les étapes suivantes :
   a) Evaluation des éléments probants obtenus ;
   b) Formulation d'une opinion fondée sur les conclusions du contrôle ; et
   c) Emission des décisions importantes ;

(2) En cas de constatation d'infraction, le contrôleur dresse le procès-verbal aux conditions prévues par les législations douanière, accisienne et connexes ;
(3) Dans les cas mentionnés au deuxième paragraphe ci-dessus, les mesures nécessaires telles que la confiscation, la saisie des marchandises, des documents, des supports informatiques des données sont prises, conformément à l'Ordonnance-Loi n° 10/002 du 20 août 2010 portant Code des douanes et/ou à l'Ordonnance-Loi n° 18/002 du 13 mars 2018 portant Code des accises.

Article 27. De la notation de la personne contrôlée

Toute personne soumise à des contrôles a posteriori se verra attribuer un coefficient de risque sur la base des rapports. Ces coefficients seront pris en compte lors d'activités d'évaluation, d'octroi des facilités de mainlevée et d'éligibilité comme opérateur économique agréé.

Article 28. De la confidentialité

Toutes les données, informations et documentation obtenues de la personne contrôlée sont couvertes par le secret professionnel.

Article 29. De l'archivage et de la conservation des données, des informations et de la documentation

(1) Le secrétariat technique du CNCAP est chargé de l'archivage des données, informations et documentation obtenues de la personne contrôlée conformément aux lois en vigueur en matière d'archives.
(2) Des règles et procédures devraient être établies pour maintenir la confidentialité, la sauvegarde en lieu sûr, l'intégrité, l'accessibilité et la possibilité de récupération de la documentation de la mission de contrôle ;
(3) La conservation de la documentation obtenue et du rapport de mission de contrôle ne peut être inférieure à dix (10) années.

TITRE IV : RAPPORT FINAL, EVALUATION DU RAPPORT FINAL ET RECOURS

Article 30. Du rapport final

(1) La mission de contrôle rédige un rapport final de mission faisant état des résultats du contrôle. Ce rapport est destiné au Directeur Général des Douanes et Accises ;
(2) Le comité national en charge des contrôles a posteriori et d'assurance qualité, sur instruction du Directeur Général des Douanes et Accises, contrôle et évalue la qualité du rapport final de mission ; Il émet son avis et juge de l'opportunité d'en transmettre un exemplaire à la personne contrôlée.

Article 31. De l'assurance qualité

(1) Le secrétariat technique du CNCAP assume la supervision de la réalisation de la mission de contrôle, selon les normes internationales en matière d'audit et les obligations légales et réglementaires ;
(2) Le secrétariat technique du CNCAP émet sa revue de contrôle qualité de la mission et du rapport final ;
(3) Préalablement à l'émission du rapport final, le secrétariat technique du comité national en charge des contrôles a posteriori et d'assurance qualité, à partir de la revue de la documentation de contrôle et des discussions avec l'équipe affectée à la mission, s'assure que des éléments probants suffisants et appropriés ont été recueillis pour fonder les conclusions tirées des travaux et étayer le rapport final de contrôle ;
(4) La revue de contrôle qualité d'une mission est sanctionnée par un avis de conformité et doit comprendre une évaluation objective :
   a) Des jugements importants exercés par l'équipe affectée à la mission ;
   b) Des conclusions tirées en formulant le rapport final de contrôle.

Article 32. De l'attestation de contrôle

A l'issue du contrôle, la douane délivre à la personne contrôlée une attestation de contrôle indiquant notamment :
(1) Les agents ayant procédé au contrôle a posteriori ;
(2) Les matières ;
(3) La période ayant fait l'objet de contrôle ;
(4) La douane peut procéder à une vérification ultérieure afin de s'assurer de la prise en compte par la personne contrôlée des conclusions et recommandations formulées à l'issue du contrôle.

Article 33. Du droit de recours

(1) Toute personne contrôlée par la douane dispose d'un droit de recours auprès du Directeur Général des Douanes et Accises, si elle conteste le rapport final de la mission ;
(2) En cas de rejet du recours, il est notifié au requérant (personne contrôlée), par écrit, les raisons qui motivent la décision, et la douane l'informe de son droit d'introduire éventuellement un nouveau recours devant la commission de règlement des litiges douaniers/accisiens ou devant le Ministre ayant les Finances dans ses attributions selon le cas, en précisant le délai dans lequel ce nouveau recours doit être introduit ;
(3) Lorsque le requérant conteste la décision prise par la commission de règlement des litiges douaniers/accisiens ou par le Ministre ayant les Finances dans ses attributions selon le cas, il dispose d'un délai de 30 jours à compter de la notification de la décision contestée, pour introduire son recours devant le

Conseil d'Etat. Ce dernier se saisit des éléments du dossier et statue en premier et dernier ressort quant au fond.

(4) Au cas où la douane conteste la décision prise par la commission de règlement des litiges douaniers/accisiens, elle dispose d'un délai de 30 jours pour introduire un recours devant le Conseil d'Etat. Ce dernier se saisit des éléments du dossier et statue en premier et dernier ressort quant au fond ;

(5) L'introduction d'un recours ne suspend pas l'exécution de la décision contestée sur procès-verbal d'infraction en matière douanière ou accisienne, et ce conformément à l'article 345 du Code des douanes.

TITRE V : DISPOSITIONS FINALES

Article 34. Des autres dispositions

Pour les dispositions qui ne sont pas couvertes par la présente décision, il sera fait usage de l'Ordonnance-Loi n° 10/002 du 20 aout 2010 portant Code des douanes, de l'Ordonnance-Loi n° 18/002 du 13 mars 2018 portant Code des accises, du Décret n° 011/46 du 24 janvier 2011 portant mesures d'application de l'Ordonnance-Loi n° 10/002 du 20 aout 2010 portant Code des douanes, de l'Arrêté Ministériel n°016 CAB/MIN/FINANCES/2011 du 11 avril 2011 portant mesures d'application de l'Ordonnance-Loi n°10/002 du 20 aout 2010 portant Code des douanes, de la Décision n° DG/DGDA/DG/2011/296 du 11 août 2011 portant mesures d'application de l'Ordonnance-Loi n°10/002 du 20 aout 2010 portant Code des douanes ainsi que du Code d'éthique des agents publics.

Article 35. De l'entrée en vigueur et de l'exécution

Le Directeur Général des Douanes et Accises est chargé de l'exécution du présent arrêté qui sort ses effets à la date de sa signature.

Fait à Kinshasa le … / … / 20 …

Le Directeur Général

2. Projet de manuel des procédures des contrôles a posteriori

Afin de garantir que les contrôles sont effectués de manière efficace et cohérente, nous proposons un projet du manuel des procédures normalisées et les modalités de collaboration entre, d'une part, le comité national en charge des CAP et les autres directions de l'administration douanière et d'autre part, le comité national en charge des CAP avec les autres services extérieurs à la douane.
Les procédures applicables pour les CAP sont décrites en cinq volumes outre l'introduction :

I. Volume I – Procédures préalables des CAP ;
II. Volume II – Procédures des CAP à l'importation ;
III. Volume III – Procédures des CAP à l'exportation ;
IV. Volume IV – Procédures des CAP pour les transits ;
V. Volume V – Procédures des CAP pour les produits d'accises.

Introduction

Le présent document porte sur le projet de manuel des procédures des contrôles a posteriori au sein de la Direction Générale des Douanes et Accises de la République Démocratique du Congo.

Ce projet de manuel des procédures est élaboré pour la mise en œuvre des contrôles a posteriori avec les avantages qu'ils offrent notamment :

- la simplification et la fluidité des contrôles aux frontières ;
- la diminution du risque moral ;
- la lutte contre les tracasseries ;
- l'amélioration du climat des affaires dans le cordon douanier en vue de l'amélioration de l'efficacité de la chaine logistique internationale ;
- la garantie de la traçabilité des opérations commerciales ;
- la prévisibilité des opérations douanières et accisiennes ;
- l'amélioration des contrôles douaniers et accisiens ;
- l'assurance que les déclarations de marchandises et des produits d'accises sont correctes pour l'optimisation de la collecte des recettes fiscales et parafiscales ; et
- la garantie d'un meilleur usage des ressources disponibles.

Elles sont conformes aux Codes des douanes et d'accises, et sont décrites les procédures pour la mise en œuvre des CAP tant à l'importation, à l'exportation, au transit, qu'aux accises dont les produits pétroliers conformément à la règlementation relative aux contrôles a posteriori au sein de la Direction générale de Douanes et Accises (DGDA).

Les CAP permettent de maximiser les recettes douanières, accisiennes et celles des intervenants et de réduire sensiblement les coûts et les délais dans l'accomplissement des formalités administratives, qu'elles soient d'ordre privé (interentreprises) ou d'ordre public (relations informationnelles entre les opérateurs économiques et les administrations ou les services publics).

Les procédures applicables pour les CAP sont décrites en cinq volumes suivants :

Volume I - Procédures préalables des CAP;
Volume II - Procédures des CAP à l'importation ;
Volume III - Procédures des CAP à l'exportation ;
Volume IV - Procédures des CAP pour les transits ;
Volume V- Procédures des CAP pour les produits d'accises.

Titre du Système :	CONTROLES A POSTERIORI
Objectif du Système :	VOLUME I - PROCEDURES PREALABLES DES CAP
Réf No :	Étapes du Système (Sous-système) :
1	*DEFINITION DES ASPECTS SUSCEPTIBLES D'ETRE CONTROLES*
2	*EXAMEN ET MISE A JOUR DES DONNEES NECESSAIRES A LA GESTION DES RISQUES*
3	*IDENTIFICATION DES CIBLES EVENTUELLES DU CONTROLE*
4	*PREPARATION DU CONTROLE*

Nom du sous-système		***DEFINITION DES ASPECTS SUSCEPTIBLES D'ETRE CONTROLES***	
Réf No:		***1***	
Responsable	**Action**		**Document**
DGDA - CNCAP	Réf		
	1.1	- Mise à jour du fichier général des personnes à contrôler et des indicateurs des risques.	- Fichier national des CAP ; - Fichier national des opérateurs ; - Fichier national des producteurs ; - Fichiers de gestion des risques obtenus des partenaires dans le cadre des AAMA et des CER.
	1.2	- Planification stratégique annuelle des CAP : ➢ Détermination de la portée des CAP au regard des indicateurs des risques ;	- Plan annuel des CAP ; - Fichier national des CAP ; - Rapport annuel des CAP.

		➢ Fixation du nombre de CAP, du nombre d'heures et du nombre de contrôleurs pour chaque type de CAP ; ➢ Fixation des résultats escomptés à l'issue des CAP ; ➢ Evaluation de la productivité des CAP suivant l'approche GAR.	
	1.3	- Programmation des CAP.	- Programme annuel des CAP.
Nom du sous-système		***EXAMEN ET MISE A JOUR DES DONNEES NECESSAIRES A LA GESTION DES RISQUES***	
Réf No:		**2**	
Responsable		**Action**	**Document**
DGDA – DBLF (Direction de la Brigade et de la Lutte contre la Fraude)	Réf		
	2.1	- Mise à jour des critères de sélectivité.	- Fichier national des critères de sélectivité
DGDA-DV (Direction de la Valeur) – DHM (Direction des Huiles Minérales)			
	2.2	- Mise à jour de la base des données valeur à l'importation ; - Mise à jour de la structure des prix pour les produits pétroliers ;	- Base des données valeur ; - Structure des prix ; - Mercuriale.

		- Mise à jour des valeurs de base (mercuriale) à l'exportation.	
DGDA-DAJC (Direction des Affaires juridiques et Contentieuses)			
	2.3	- Mise à jour du répertoire des dossiers contentieux.	- Répertoire des dossiers contentieux.
DGDA-DRF (Direction de la Règlementation et Facilitation)			
	2.4	- Mise à jour du répertoire des opérateurs économiques agréés. - Mise à jour des fichiers des avantages fiscaux (exonérations, exemptions, suspensions des droits, destinations privilégiées), et des facilités (Déclarations incomplètes ou provisoires, enlèvements d'urgence des marchandises, admissions et sorties temporaires); - Mise à jour des fichiers des opérateurs économiques bénéficiaires des avantages fiscaux et des facilités.	- Répertoire des opérateurs économiques agréés ; - Fichiers des avantages fiscaux et des bénéficiaires ; - Fichiers des facilités et des bénéficiaires.
DGDA-DAPA (Direction des Autres Produits d'accises)	2.5		
		- Mise à jour du répertoire des producteurs.	- Répertoire des producteurs

Nom du sous-système		*IDENTIFICATION DES CIBLES EVENTUELLES DU CONTROLE*	
Réf No:		***3***	
Responsable		**Action**	**Document**
DGDA -CNCAP	Réf		
	3.1	- Détermination des personnes ou des indicateurs des risques ou encore des bureaux de douane retenus pour les CAP.	- Fichier national des CAP ; - Fichier national des opérateurs ; - Fichier national des producteurs ; - Fichier des bureaux de douane par capacité contributive aux recettes, par risque de fraude.

Nom du sous-système		*PREPARATION DU CONTROLE*	
Réf No:		***4***	
Responsable		**Action**	**Document**
DGDA -DG	Réf		
	4.1	- Désignation du (des) contrôleur (s) ; - Détermination de la personne à contrôler ; - Détermination des termes de références du contrôle ; - Fixation du délai de la mission de contrôle.	- Ordre de mission ou de service, termes de référence signés par le Directeur Général.
CONTROLEUR	Réf		
	4.2	- Notification de la personne à contrôler, quinze (15) jours avant le début du contrôle (sauf si la notification peut nuire au contrôle, alors elle se fera, dans ce cas, sur place le jour du début de la mission); - Demande de renseignements	- Ordre de mission ; - Termes de référence ; - Fichiers des déclarations, des décisions et autres données ou renseignements ; - Questionnaire.

		(déclarations antérieures, décisions antérieures, données, statistiques) sur la personne à contrôler, à la DGI, à la DGRAD, aux Directions générales des recettes provinciales, aux autres entités de la DGDA, aux douanes étrangères dans le cadre des AAMA et aux CER, en vue de définir un plan de contrôle qui fixe : les objectifs, la portée et les méthodologies ; - Envoi d'un questionnaire à la personne à contrôler ; - Demande de la documentation (livres, registres, carnets et autres supports de stockage) ; - Fixation du délai de remise de la documentation.	

Titre du Système :	CONTROLES A POSTERIORI
Objectif du Système :	VOLUME II - PROCEDURES DES CAP A L'IMPORTATION
Réf No :	Étapes du Système (Sous-système) :
1	*REUNION INITIALE*
2	*REMISE DES DONNEES ET ACCES AUX SOURCES DES DONNEES*
3	*EXAMEN ET VERIFICATION DE LA COMPTABILITE, INVENTAIRE PHYSIQUE*
4	*CONSIGNATION DES RESULTATS*
5	*CONSTATATIONS DES ANOMALIES*
6	*COMMUNICATION DES CONCLUSIONS PROVISOIRES*
7	*AVIS SUR LES CONCLUSIONS PROVISOIRES*
8	*RAPPORT FINAL*
9	*CONTROLE DE L'ASSURANCE QUALITE*
10	*COMMUNICATION DU RAPPORT FINAL*
11	*EXECUTION DES DECISIONS DU RAPPORT*
12	*RECOURS*
13	*ATTESTATION DE CONTROLE*
14	*ARCHIVAGE*

Nom du sous-système		*REUNION INITIALE*	
Réf No :		*1*	
Responsable	Action		Document
CONTROLEUR	Réf		
	1.1	- Présentation de toute l'équipe de contrôle à l'autorité compétente de la personne contrôlée ; - Explication sur les grandes lignes de la méthode appliquée aux fins du contrôle ; - Demande de la documentation comptable ; - Remise du questionnaire ;	- Ordre de mission ; - Termes de référence - Questionnaire.

		- Demande de la désignation d'un cadre comme interface ; - Demande des commodités qui doivent être mises à la disposition du contrôleur.	
PERSONNE CONTROLEE	Réf		
	1.2	- Présentation de la personne désignée comme interface ; - Installation du contrôleur et de son équipe ; - Présentation des commodités.	

Nom du sous-système		***REMISE DES DONNEES ET ACCES AUX SOURCES DES DONNEES***	
Réf No :		**2**	
Responsable		**Action**	**Document**
PERSONNE CONTROLEE	Réf		
	2.1	- Remise du questionnaire dûment rempli ; - Remise de la documentation demandée ; - Explication du manuel des procédures comptables ; - Remise des mots de passe du système informatique.	- Documentation - Questionnaire dûment rempli ; - Manuel des procédures comptables.
CONTROLEUR	Réf		
	2.2	- Obtention de la documentation (manuel des procédures comptables, livres, registres, carnets) ; - Obtention du questionnaire dûment rempli ; - Obtention de l'accès aux sources d'informations comptables (ordinateurs et autres supports de stockage).	- Documentation - Questionnaire dûment rempli ; - Manuel des procédures comptables.

Nom du sous-système		***EXAMEN ET VERIFICATION DE LA COMPTABILITE, INVENTAIRE PHYSIQUE***	
Réf No :		***3***	
Responsable		**Action**	**Document**
CONTROLEUR	Réf		
	3.1	- Identification et maîtrise des méthodes utilisées par la personne contrôlée pour tenir sa comptabilité et stocker ses documents ; - Examen et Vérification de la comptabilité, des pièces justificatives afin de déterminer l'exhaustivité, l'exactitude, la précision et l'authentification des déclarations de marchandises à l'importation; - Comparaison des écritures comptables de la personne contrôlée d'avec les données et renseignements disponibles (fichier SYDONIA : historiques des dossiers antérieurs, Bureaux de représentation de la DGDA a l'extérieur, Douanes étrangères, Communautés économiques régionales, autres services publics de l'Etat dans le cadre des protocoles d'accord, autres personnes intéressées dans les transactions de la personne contrôlée).	- Documentation (livres, registres, carnets, journaux, factures, bons de commandes, bons de livraisons, contrats de vente, contrats d'achat, contrats de transport, contrats d'assurance, contrats de commission, consignes de production, rapports de fabrication, lettres de crédit, relevés bancaires, demandes d'envoi de fonds à l'étranger, notes de débit/crédit, déclarations douanières, listes de colisage, ...) ; - Fichiers, rapports.
CONTROLEUR	Réf		
	3.2	- Inventaire physique des marchandises dans l'entrepôt ;	- Fiches d'inventaires ; - Reçus d'échantillons.

		- Etablissement des reçus pour les échantillons emportés.	
CONTROLEUR	Réf		
	3.3	- Contrôle de conformité aux lois et règlements en vigueur.	- Documentation
	3.4	- Contrôle auprès d'une tierce partie : il consiste en un examen des registres commerciaux conservés par les personnes/entreprises autres que les déclarants, et ce pour compléter le contrôle effectué auprès de la personne contrôlée.	- Documentation

Nom du sous-système		*CONSIGNATION DES RESULTATS*	
Réf No :		*4*	
Responsable		**Action**	**Document**
CONTROLEUR	Réf		
	4.1	- Documentation détaillée des résultats du contrôle ; - Constitution du rapport exhaustif à l'aide : des notes, des calculs et des comptes rendus écrits de procédures réalisées durant le contrôle ; - Constitution d'une base saine, formulation des conclusions obtenues des éléments de preuve suffisants, pertinents et fiables ; - Assurance que tous les documents pertinents pour le contrôle et toutes les notes prises sont conservés en sécurité.	- Documentation
CONTROLEUR	Réf		
	4.2	- Rédaction du rapport provisoire : Après avoir	- Rapport provisoire.

		terminé l'examen de la comptabilité de la personne contrôlée, le contrôleur devrait résumer les résultats qu'il a obtenus, en appréciant pour cela tous les éléments du contrôle, y compris l'inspection des locaux, les résultats des vérifications matérielles, et en examinant tous les documents de travail, etc. pour préparer le rapport de contrôle qui sera présenté à la personne contrôlée.	

Nom du Sous-système		***CONSTATATIONS DES ANOMALIES***	
Réf No :		***5***	
Responsable		**Action**	**Document**
CONTROLEUR	Réf		
	5.1	- Evaluation des éléments probants obtenus ; - Formulation d'une opinion fondée sur les conclusions du contrôle ; et - Emission des décisions importantes.	- Rapport provisoire.
CONTROLEUR	Réf		
	5.2	- Rédaction du procès-verbal d'infraction (PV) en cas d'irrégularité et enclenchement de la procédure contentieuse.	- Procès-verbal d'infraction.
CONTROLEUR	Réf		
	5.3	- Prise des mesures conservatoires nécessaires telles que la saisie des marchandises et/ou de la production, des documents, des supports informatiques des données, conformément au Code des douanes et aux autres législations connexes.	- Procès-verbal d'infraction ; - Procès-verbal de saisie.

Nom du Sous-système		***COMMUNICATION DES CONCLUSIONS PROVISOIRES***	
Réf No :		***6***	
Responsable		**Action**	**Document**
CONTROLEUR	Réf		
	6.1	- Présentation du rapport provisoire ou résumé des résultats du contrôle à la personne contrôlée.	- Rapport provisoire ; - Procès-verbal d'infraction.

Nom du sous-système		***AVIS SUR LES CONCLUSIONS PROVISOIRES***	
Réf No :		***7***	
Responsable		**Action**	**Document**
PERSONNE CONTROLEE	Réf		
	7.1	- Présentation, dans les quarante-huit (48) heures, des avis et considérations sur les conclusions provisoires de la mission de contrôle ; Passé ce délai, les conclusions provisoires seront considérées comme définitives.	- Avis et considérations.

Nom du sous-système		***RAPPORT FINAL***	
Réf No :		***8***	
Responsable		**Action**	**Document**
CONTROLEUR	Réf		
	8.1	- Rédaction du rapport final.	- Rapport final.
CONTROLEUR	Réf		
	8.2	- Transmission du rapport final au Secrétariat du CNCAP.	- Rapport final.

Nom du sous-système		CONTROLE DE L'ASSURANCE QUALITE	
Réf No :		*9*	
Responsable		**Action**	**Document**
DGDA - CNCAP	Réf		
	9.1	- Contrôle du rapport final et émission de l'évaluation sur la qualité par un avis de conformité. (Contrôle de la forme et du fond) ; - Si l'avis est négatif, le CNCAP émet ses recommandations et, le cas échéant, il peut restructurer l'équipe et les objectifs de la mission.	- Avis de conformité sur l'assurance qualité du rapport.

Nom du sous-système		COMMUNICATION DU RAPPORT FINAL	
Réf no :		*10*	
Responsable		**Action**	**Document**
CONTROLEUR	Réf		
	10.1	- Remise du rapport final, le cas échéant, si l'avis de conformité est positif, à la personne contrôlée.	- Rapport final.
DGDA - CNCAP	Réf		
	10.2	- Communication du rapport final aux services de la douane suivants : le bureau concerné par les dédouanements, les Directions de la Valeur, des Affaires Juridiques et Contentieuses, de la Règlementation et Facilitation, de la Brigade et Lutte contre la Fraude.	- Rapport final.

Nom du sous-système		EXECUTION DES DECISIONS DU RAPPORT	
Réf no :		***11***	
Responsable		**Action**	**Document**
DGDA - CNCAP	Réf		
	11.1	- Suivi des recommandations du rapport final de contrôle (recommandations à la personne contrôlée ou à la douane de prendre des mesures spécifiques).	- Rapport final.
CONTROLEUR	Réf		
	11.2	- Nouvelle visite des locaux de la personne contrôlée pour effectuer des vérifications de suivi.	- Ordre de mission ; - Termes de référence.

Nom du sous-système		RECOURS	
Réf No :		***12***	
Responsable		**Action**	**Document**
PERSONNE CONTROLEE	Réf		
	12.1	- Droit de recours auprès du Directeur Général des Douanes et Accises, si la personne contrôlée conteste le rapport final de la mission. NB : le recours n'est pas suspensif des conclusions du rapport final ni des différentes décisions contestées.	- Lettre de contestation.
DG-DGDA	Réf		
	12.2	- Traitement du recours, à la diligence et sous la responsabilité du Directeur Général des douanes et accises, par la Direction de l'Audit Interne ; - Réponse à la lettre de recours, en cas de rejet du recours, il est notifié au	- Rapport final ; - PV d'infraction ; - Lettre de contestation ; - Lettre de rejet.

		requérant (personne contrôlée), par écrit, les raisons qui motivent la décision, et la douane l'informe de son droit d'introduire éventuellement un nouveau recours devant la commission de règlement des litiges douaniers et accisiens ou devant le Ministre ayant les Finances dans ses attributions selon le cas, en précisant le délai dans lequel ce nouveau recours doit être introduit.	
PERSONNE CONTROLEE	Réf		
	12.3	- Dépôt du nouveau recours.	- Rapport final ; - PV d'infraction ; - Lettre de contestation ; - Lettre de rejet ; - Lettre du nouveau recours.
COMMISSION DE RÈGLEMENT DES LITIGES DOUANIERS ET ACCISIENS / MINISTRE DES FINANCES	Réf		
	12.4	- Traitement du nouveau recours ; - Réponse à la lettre de recours, en cas de nouveau rejet du recours, la personne contrôlée dispose d'un délai de 30 jours à compter de la notification de la décision contestée,	- Rapport final ; - PV d'infraction ; - Lettre de contestation ; - Lettre de rejet ; - Lettre du nouveau recours ; - Décision de la Commission ou

		pour introduire son recours devant le Conseil d'Etat.	du Ministre des Finances.
Nom du sous-système		***RECOURS***	
Réf No :		***12 suite***	
Responsable		**Action**	**Document**
PERSONNE CONTROLEE / DOUANE	Réf		
	12.5	- Dépôt du dernier recours par la personne contrôlée ou du recours de la douane, si elle conteste la décision prise par la Commission de règlement des litiges douaniers ; Ces recours ne peuvent être introduits que dans les trente (30) jours qui suivent la décision de la Commission.	- Rapport final ; - PV d'infraction ; - Lettre de contestation ; - Lettre de rejet ; - Lettre du nouveau recours ; - Décision de la Commission ou du Ministre des Finances ; - Lettre de dernier recours ; - Lettre de la douane de contestation.
CONSEIL D'ETAT	Réf		
	12.6	- Traitement du dernier recours ; - Réponse par une décision, en premier et dernier ressort quant au fond.	- Rapport final ; - PV d'infraction ; - Lettre de contestation ; - Lettre de rejet ; - Lettre du nouveau recours ; - Décision de la Commission ou du Ministre des Finances ; - Lettre de dernier recours ;

			- Lettre de la douane de contestation ; - Décision du Conseil d'Etat.

Nom du sous-système		*ATTESTATION DE CONTROLE*	
Réf No :		***13***	
Responsable		**Action**	**Document**
DG-DGDA	Réf		
	13.1	- Délivrance par la douane, à l'issue du contrôle, à la personne contrôlée, d'une attestation de contrôle indiquant notamment : ➢ Les agents ayant procédé au contrôle a posteriori ; ➢ Les matières ; ➢ La période ayant fait l'objet de contrôle.	- Attestation de contrôle.

Nom du sous-système		*ARCHIVAGE*	
Réf No :		***14***	
Responsable		**Action**	**Document**
DGDA - CNCAP	Réf		
	14.1	- Conservation de la documentation obtenue, du rapport de mission de contrôle, des lettres de recours et des différentes décisions, conformément aux lois en vigueur en matière d'archives, par le secrétariat technique du CNCAP ; Elle ne peut être inférieure à dix (10) années.	- Documentation - Rapport final de mission ; - Lettres de recours ; - Décisions.

Source : l'auteur

Titre du Système :	CONTROLES A POSTERIORI
Objectif du Système :	VOLUME III - PROCEDURES DES CAP A L'EXPORTATION
Réf No :	Étapes du Système (Sous-système) :
1	*REUNION INITIALE*
2	*REMISE DES DONNEES ET ACCES AUX SOURCES DES DONNEES*
3	*EXAMEN ET VERIFICATION DE LA COMPTABILITE, INVENTAIRE PHYSIQUE*
4	*CONSIGNATION DES RESULTATS*
5	*CONSTATATIONS DES ANOMALIES*
6	*COMMUNICATION DES CONCLUSIONS PROVISOIRES*
7	*AVIS SUR LES CONCLUSIONS PROVISOIRES*
8	*RAPPORT FINAL*
9	*CONTROLE DE L'ASSURANCE QUALITE*
10	*COMMUNICATION DU RAPPORT FINAL*
11	*EXECUTION DES DECISIONS DU RAPPORT*
12	*RECOURS*
13	*ATTESTATION DE CONTROLE*
14	*ARCHIVAGE*

Nom du sous-système		*REUNION INITIALE*	
Réf No :		*1*	
Responsable	Action		Document
CONTROLEUR	Réf		
	1.1	- Présentation de toute l'équipe de contrôle à l'autorité compétente de la personne contrôlée ; - Explication sur les grandes lignes de la méthode appliquée aux fins du contrôle ; - Demande de la documentation comptable ; - Remise du questionnaire ; - Demande de la désignation d'un cadre comme interface ;	- Ordre de mission ; - Termes de référence ; - Questionnaire.

		- Demande des commodités qui doivent être mises à la disposition du contrôleur.	
PERSONNE CONTROLEE	Réf		
	1.2	- Présentation de la personne désignée comme interface ; - Installation du contrôleur et de son équipe ; - Présentation des commodités.	

Nom du sous-système		***REMISE DES DONNEES ET ACCES AUX SOURCES DES DONNEES***	
Réf No :		***2***	
Responsable		**Action**	**Document**
PERSONNE CONTROLEE	Réf		
	2.1	- Remise du questionnaire dûment rempli ; - Remise de la documentation demandée ; - Explication du manuel des procédures comptables ; - Remise des mots de passe du système informatique.	- Documentation - Questionnaire dûment rempli ; - Manuel des procédures comptables.
CONTROLEUR	Réf		
	2.2	- Obtention de la documentation (manuel des procédures comptables, livres, registres, carnets) ; - Obtention du questionnaire dûment rempli ; - Obtention de l'accès aux sources d'informations comptables (ordinateurs et autres supports de stockage).	- Documentation - Questionnaire dûment rempli ; - Manuel des procédures comptables.

Nom du sous-système		*EXAMEN ET VERIFICATION DE LA COMPTABILITE, INVENTAIRE PHYSIQUE*	
Réf No :		*3*	
Responsable		**Action**	**Document**
CONTROLEUR	Réf		
	3.1	- Identification et maîtrise des méthodes utilisées par la personne contrôlée pour tenir sa comptabilité et stocker ses documents ; - Examen et Vérification de la comptabilité, des pièces justificatifs afin de déterminer l'exhaustivité, l'exactitude, la précision et l'authentification des déclarations de marchandises à l'exportation ; - Comparaison des écritures comptables de la personne contrôlée d'avec les données et renseignements disponibles (fichier SYDONIA : historiques des dossiers antérieurs, Bureaux de représentation de la DGDA à l'extérieur, Douanes étrangères, Communautés économiques régionales, autres services publics de l'Etat dans le cadre des protocoles d'accord, autres personnes intéressées dans les transactions de la personne contrôlée).	- Documentation (livres, registres, carnets, journaux, factures, bons de commandes, bons de livraisons, contrats de vente, contrats d'achat, contrats de transport, contrats d'assurance, contrats de commission, consignes de production, rapports de fabrication, lettres de crédit, relevés bancaires, demandes d'envoi de fonds à l'étranger, notes de débit/crédit, déclarations douanières, listes de colisage, ...) ; - Fichiers, rapports.
CONTROLEUR	Réf		
	3.2	- Inventaire physique des marchandises dans l'entrepôt afin de vérifier les quantités exportées par	- Fiches d'inventaires ; - Reçus d'échantillons.

		rapport aux quantités produites ; - Etablissement des reçus pour les échantillons emportés.	
CONTROLEUR	Réf		
	3.3	- Contrôle de conformité aux lois et règlements en vigueur.	- Documentation
	3.4	- Contrôle auprès d'une tierce partie : il consiste en un examen des registres commerciaux conservés par les personnes/entreprises autres que les déclarants, et ce pour compléter le contrôle effectué auprès de la personne contrôlée.	- Documentation

Nom du sous-système		*CONSIGNATION DES RESULTATS*	
Réf No :		*4*	
Responsable		**Action**	**Document**
CONTROLEUR	Réf		
	4.1	- Documentation détaillée des résultats du contrôle ; - Constitution du rapport exhaustif à l'aide : des notes, des calculs et des comptes rendus écrits de procédures réalisées durant le contrôle ; - Constitution d'une base saine, formulation des conclusions obtenues des éléments de preuve suffisants, pertinents et fiables ; - Assurance que tous les documents pertinents pour le contrôle et toutes les	- Documentation

		notes prises sont conservés en sécurité.	
CONTROLEUR	Réf		
	4.2	- Rédaction du rapport provisoire : Après avoir terminé l'examen de la comptabilité de la personne contrôlée, le contrôleur devrait résumer les résultats qu'il a obtenus, en appréciant pour cela tous les éléments du contrôle, y compris l'inspection des locaux, les résultats des vérifications matérielles, et en examinant tous les documents de travail, etc. pour préparer le rapport de contrôle qui sera présenté à la personne contrôlée.	- Rapport provisoire.

Nom du Sous-système		***CONSTATATIONS DES ANOMALIES***	
Réf No :		***5***	
Responsable	**Action**		**Document**
CONTROLEUR	Réf		
	5.1	- Evaluation des éléments probants obtenus ; - Formulation d'une opinion fondée sur les conclusions du contrôle ; et - Emission des décisions importantes.	- Rapport provisoire.
CONTROLEUR	Réf		
	5.2	- Rédaction du procès-verbal d'infraction (PV) en cas d'irrégularité et enclenchement de la procédure contentieuse.	- Procès-verbal d'infraction.
CONTROLEUR	Réf		
	5.3	- Prise des mesures conservatoires	- Procès-verbal d'infraction ;

		nécessaires telles que la saisie des marchandises, des documents, des supports informatiques des données, conformément à l'Ordonnance-Loi n° 10/002 du 20 août 2010 portant Code des douanes.	- Procès-verbal de saisie.

Nom du Sous-système		***COMMUNICATION DES CONCLUSIONS PROVISOIRES***	
Réf No :		***6***	
Responsable		**Action**	**Document**
CONTROLEUR	Réf		
	6.1	- Présentation du rapport provisoire ou résumé des résultats du contrôle à la personne contrôlée.	- Rapport provisoire ; - Procès-verbal d'infraction.

Nom du sous-système		***AVIS SUR LES CONCLUSIONS PROVISOIRES***	
Réf No :		***7***	
Responsable		**Action**	**Document**
PERSONNE CONTROLEE	Réf		
	7.1	- Présentation, dans les quarante-huit (48) heures, des avis et considérations sur les conclusions provisoires de la mission de contrôle ; Passé ce délai, les conclusions provisoires seront considérées comme définitives.	- Avis et considérations.

Nom du sous-système		*RAPPORT FINAL*	
Réf No :		***8***	
Responsable		**Action**	**Document**
CONTROLEUR	Réf		
	8.1	- Rédaction du rapport final.	- Rapport final.
CONTROLEUR	Réf		
	8.2	- Transmission du rapport final au Secrétariat du CNCAP.	- Rapport final.

Nom du sous-système		*CONTROLE DE L'ASSURANCE QUALITE*	
Réf No :		***9***	
Responsable		**Action**	**Document**
DGDA - CNCAP	Réf		
	9.1	- Contrôle du rapport final et émission de l'évaluation sur la qualité par un avis de conformité. (Contrôle de la forme et du fond) ; - Si l'avis est négatif, le CNCAP émet ses recommandations et, le cas échéant, il peut restructurer l'équipe et les objectifs de la mission.	- Avis de conformité sur l'assurance qualité du rapport.

Nom du sous-système		*COMMUNICATION DU RAPPORT FINAL*	
Réf no :		***10***	
Responsable		**Action**	**Document**
CONTROLEUR	Réf		
	10.1	- Remise du rapport final, le cas échéant, si l'avis de conformité est positif, à la personne contrôlée.	- Rapport final.
DGDA - CNCAP	Réf		
	10.2	- Communication du rapport final aux services de la douane suivants :	- Rapport final.

		le bureau concerné par les dédouanements, les Directions de la Valeur, des Affaires Juridiques et Contentieuses, de la Règlementation et Facilitation, de la Brigade et Lutte contre la Fraude.	

Nom du sous-système		***EXECUTION DES DECISIONS DU RAPPORT***	
Réf no :		***11***	
Responsable		**Action**	**Document**
DGDA - CNCAP	Réf		
	11.1	- Suivi des recommandations du rapport final de contrôle (recommandations à la personne contrôlée ou à la douane de prendre des mesures spécifiques).	- Rapport final.
CONTROLEUR	Réf		
	11.2	- Nouvelle visite des locaux de la personne contrôlée pour effectuer des vérifications de suivi.	- Ordre de mission ; - Termes de référence.

Nom du sous-système		***RECOURS***	
Réf No :		***12***	
Responsable		**Action**	**Document**
PERSONNE CONTROLEE	Réf		
	12.1	- Droit de recours auprès du Directeur général des Douanes et Accises, si la personne contrôlée conteste le rapport final de la mission. NB : le recours n'est pas suspensif des conclusions	- Lettre de contestation.

		du rapport final ni des différentes décisions contestées.	
DG-DGDA	Réf		
	12.2	- Traitement du recours, à la diligence et sous la responsabilité du Directeur Général des douanes et accises, par la Direction de l'Audit Interne ; - Réponse à la lettre de recours, en cas de rejet du recours, il est notifié au requérant (personne contrôlée), par écrit, les raisons qui motivent la décision, et la douane l'informe de son droit d'introduire éventuellement un nouveau recours devant la commission de règlement des litiges douaniers ou devant le Ministre ayant les Finances dans ses attributions selon le cas, en précisant le délai dans lequel ce nouveau recours doit être introduit.	- Rapport final ; - PV d'infraction ; - Lettre de contestation ; - Lettre de rejet.
PERSONNE CONTROLEE	Réf		
	12.3	- Dépôt du nouveau recours.	- Rapport final ; - PV d'infraction ; - Lettre de contestation ; - Lettre de rejet ; - Lettre du nouveau recours.

COMMISSION DE RÈGLEMENT DES LITIGES DOUANIERS / MINISTRE DES FINANCES	Réf		
	12.4	- Traitement du nouveau recours ; - Réponse à la lettre de recours, en cas de nouveau rejet du recours, la personne contrôlée dispose d'un délai de 30 jours à compter de la notification de la décision contestée, pour introduire son recours devant le Conseil d'Etat.	- Rapport final ; - PV d'infraction ; - Lettre de contestation ; - Lettre de rejet ; - Lettre du nouveau recours ; - Décision de la Commission ou du Ministre des Finances.

Nom du sous-système		***RECOURS***	
Réf No :		***12 suite***	
Responsable		**Action**	**Document**
PERSONNE CONTROLEE / DOUANE	Réf		
	12.5	- Dépôt du dernier recours par la personne contrôlée ou du recours de la douane, si elle conteste la décision prise par la Commission de règlement des litiges douaniers ; Ces recours ne peuvent être introduits que dans les trente (30) jours qui suivent la décision de la Commission.	- Rapport final ; - PV d'infraction ; - Lettre de contestation ; - Lettre de rejet ; - Lettre du nouveau recours ; - Décision de la Commission ou du Ministre des Finances ; - Lettre de dernier recours ; - Lettre de la douane de contestation.

CONSEIL D'ETAT	Réf		
	12.6	- Traitement du dernier recours ; - Réponse par une décision, en premier et dernier ressort quant au fond.	- Rapport final ; - PV d'infraction ; - Lettre de contestation ; - Lettre de rejet ; - Lettre du nouveau recours ; - Décision de la Commission ou du Ministre des Finances ; - Lettre de dernier recours ; - Lettre de la douane de contestation ; - Décision du Conseil d'Etat.

Nom du sous-système		***ATTESTATION DE CONTROLE***	
Réf No :		***13***	
Responsable		**Action**	**Document**
DG-DGDA	Réf		
	13.1	- Délivrance par la DGDA, à l'issue du contrôle, à la personne contrôlée, d'une attestation de contrôle indiquant notamment : ➢ Les agents ayant procédé au contrôle a posteriori ; ➢ Les matières ; ➢ La période ayant fait l'objet de contrôle.	- Attestation de contrôle.

Nom du sous-système		***ARCHIVAGE***	
Réf No :		***14***	
Responsable		**Action**	**Document**
DGDA - CNCAP	Réf		
	14.1	- Conservation de la documentation obtenue, du rapport de mission de contrôle, des lettres de recours et des différentes décisions, conformément aux lois en vigueur en matière d'archives, par le secrétariat technique du CNCAP ; Elle ne peut être inférieure à dix (10) années.	- Documentation - Rapport final de mission ; - Lettres de recours ; - Décisions.

Source : l'auteur

Titre du Système :	CONTROLES A POSTERIORI
Objectif du Système :	VOLUME IV - PROCEDURES DES CAP POUR LES TRANSITS
Réf No :	Étapes du Système (Sous-système) :
1	*REUNION INITIALE*
2	*REMISE DES DONNEES*
3	*EXAMEN ET VERIFICATION DE LA COMPTABILITE ET DES REGISTRES*
4	*CONSIGNATION DES RESULTATS*
5	*CONSTATATIONS DES ANOMALIES*
6	*COMMUNICATION DES CONCLUSIONS PROVISOIRES*
7	*AVIS SUR LES CONCLUSIONS PROVISOIRES*
8	*RAPPORT FINAL*
9	*CONTROLE DE L'ASSURANCE QUALITE*
10	*COMMUNICATION DU RAPPORT FINAL*
11	*EXECUTION DES DECISIONS DU RAPPORT*
12	*RECOURS*
13	*ATTESTATION DE CONTROLE*
14	*ARCHIVAGE*

Nom du sous-système		*REUNION INITIALE*	
Réf No :		*1*	
Responsable	Action		Document
CONTROLEUR	Réf		
	1.1	- Présentation de toute l'équipe de contrôle à l'autorité compétente de la personne contrôlée (déclarant, transport public agréé) ; - Explication sur les grandes lignes de la méthode appliquée aux fins du contrôle ; - Demande de la documentation comptable ; - Remise du questionnaire ;	- Ordre de mission ; - Termes de référence - Questionnaire.

		- Demande de la désignation d'un cadre comme interface ; - Demande des commodités qui doivent être mises à la disposition du contrôleur.	
PERSONNE CONTROLEE (DECLARANT, TRANSPORTEUR PUBLIC AGREE)	Réf		
	1.2	- Présentation de la personne désignée comme interface ; - Installation du contrôleur et de son équipe ; - Présentation des commodités.	

Nom du sous-système		***REMISE DES DONNEES ET ACCES AUX SOURCES DES DONNEES***	
Réf No :		***2***	
Responsable		**Action**	**Document**
PERSONNE CONTROLEE (DECLARANT, TRANSPORTEUR PUBLIC AGREE)	Réf		
	2.1	- Remise du questionnaire dûment rempli ; - Remise de la documentation demandée.	- Documentation - Questionnaire dûment rempli.
CONTROLEUR	Réf		
	2.2	- Obtention de la documentation (registres, carnets) ; - Obtention du questionnaire dûment rempli ;	- Documentation - Questionnaire dûment rempli.

		- Obtention de l'accès aux sources d'informations comptables (ordinateurs et autres supports de stockage).	

Nom du sous-système		***EXAMEN ET VERIFICATION DE LA COMPTABILITE ET DES REGISTRES***	
Réf No :		***3***	
Responsable	**Action**		**Document**
CONTROLEUR	Réf		
	3.1	- Identification et maîtrise des méthodes utilisées par la personne contrôlée pour tenir sa comptabilité, ses registres, ses carnets et stocker ses documents ; - Examen et Vérification de la comptabilité, des pièces justificatifs afin de déterminer l'exhaustivité, l'exactitude, la précision et l'authentification des déclarations de marchandises pour le transit ; - Comparaison des écritures comptables de la personne contrôlée d'avec les données et renseignements disponibles (fichier SYDONIA : historiques des dossiers antérieurs, Bureaux de représentation de la DGDA à l'extérieur, Douanes étrangères, Communautés économiques régionales, autres services publics de l'Etat dans le cadre	- Documentation (registres, carnets, journaux, factures, bons de livraisons, contrats de transport, contrats d'assurance, contrats de commission, lettres de crédit, relevés bancaires, notes de débit/crédit, déclarations douanières, listes de colisage, ...) ; - Fichiers, rapports.

		des protocoles d'accord, autres personnes intéressées dans les transactions de la personne contrôlée).	
CONTROLEUR	Réf		
	3.2	- Inventaire physique des marchandises dans les entrepôts douaniers et du Transporteur public agréé afin de vérifier la bonne conduite en douane des marchandises.	- Fiches d'inventaires ; - Registres d'entrepôt.
CONTROLEUR	Réf		
	3.3	- Contrôle de conformité aux lois et règlements en vigueur.	- Documentation
CONTROLEUR	Réf		
	3.4	- Contrôle auprès d'une tierce partie : il consiste en un examen des registres commerciaux conservés par les personnes/entreprises pour compléter le contrôle effectué auprès de la personne contrôlée.	- Documentation

Nom du sous-système		*CONSIGNATION DES RESULTATS*	
Réf No :		***4***	
Responsable		**Action**	**Document**
CONTROLEUR	Réf		
	4.1	- Documentation détaillée des résultats du contrôle ; - Constitution du rapport exhaustif à l'aide : des notes, des calculs et des comptes rendus écrits de	- Documentation

		procédures réalisées durant le contrôle ; - Constitution d'une base saine, formulation des conclusions obtenues des éléments de preuve suffisants, pertinents et fiables ; - Assurance que tous les documents pertinents pour le contrôle et toutes les notes prises sont conservés en sécurité.	
CONTROLEUR	Réf		
	4.2	- Rédaction du rapport provisoire : Après avoir terminé l'examen de la comptabilité de la personne contrôlée, le contrôleur devrait résumer les résultats qu'il a obtenus, en appréciant pour cela tous les éléments du contrôle, y compris l'inspection des locaux, les résultats des vérifications matérielles, et en examinant tous les documents de travail, etc. pour préparer le rapport de contrôle qui sera présenté à la personne contrôlée.	- Rapport provisoire.

Nom du Sous-système		*CONSTATATIONS DES ANOMALIES*	
Réf No :		**5**	
Responsable		**Action**	**Document**
CONTROLEUR	Réf		
	5.1	- Evaluation des éléments probants obtenus ; - Formulation d'une opinion fondée sur les	- Rapport provisoire.

		conclusions du contrôle ; et - Emission des décisions importantes.	
CONTROLEUR	Réf		
	5.2	- Rédaction du procès-verbal d'infraction (PV) en cas d'irrégularité et enclenchement de la procédure contentieuse.	- Procès-verbal d'infraction.
CONTROLEUR	Réf		
	5.3	- Prise des mesures conservatoires nécessaires telles que la saisie des marchandises, des documents, des supports informatiques des données, conformément à l'Ordonnance-Loi n° 10/002 du 20 août 2010 portant Code des douanes.	- Procès-verbal d'infraction ; - Procès-verbal de saisie.

Nom du Sous-système		***COMMUNICATION DES CONCLUSIONS PROVISOIRES***	
Réf No :		***6***	
Responsable		**Action**	**Document**
CONTROLEUR	Réf		
	6.1	- Présentation du rapport provisoire ou résumé des résultats du contrôle à la personne contrôlée.	- Rapport provisoire ; - Procès-verbal d'infraction.

Nom du sous-système		***AVIS SUR LES CONCLUSIONS PROVISOIRES***	
Réf No :		***7***	
Responsable		**Action**	**Document**
PERSONNE CONTROLEE	Réf		
	7.1	- Présentation, dans les quarante-huit (48) heures, des avis et considérations sur les	- Avis et considérations.

		conclusions provisoires de la mission de contrôle ; Passé ce délai, les conclusions provisoires seront considérées comme définitives.	

Nom du sous-système		***RAPPORT FINAL***	
Réf No :		***8***	
Responsable		**Action**	**Document**
CONTROLEUR	Réf		
	8.1	- Rédaction du rapport final.	- Rapport final.
CONTROLEUR	Réf		
	8.2	- Transmission du rapport final au Secrétariat du CNCAP.	- Rapport final.

Nom du sous-système		***CONTROLE DE L'ASSURANCE QUALITE***	
Réf No :		***9***	
Responsable		**Action**	**Document**
DGDA - CNCAP	Réf		
	9.1	- Contrôle du rapport final et émission d'une évaluation sur la qualité par un avis de conformité. (Contrôle de la forme et du fond) ; - Si l'avis est négatif, le CNCAP émet ses recommandations et, le cas échéant, il peut restructurer l'équipe et les objectifs de la mission.	- Avis de conformité sur l'assurance qualité du rapport.

Nom du sous-système		*COMMUNICATION DU RAPPORT FINAL*	
Réf no :		*10*	
Responsable	**Action**		**Document**
CONTROLEUR	Réf		
	10.1	- Remise du rapport final, le cas échéant, si l'avis de conformité est positif, à la personne contrôlée.	- Rapport final.
DGDA - CNCAP	Réf		
	10.2	- Communication du rapport final aux services de la douane suivants : le bureau concerné par les dédouanements, les Directions de la Valeur, des Affaires Juridiques et Contentieuses, de la Règlementation et Facilitation, la Brigade et Lutte contre la Fraude.	- Rapport final.

Nom du sous-système		*EXECUTION DES DECISIONS DU RAPPORT*	
Réf no :		*11*	
Responsable	**Action**		**Document**
DGDA - CNCAP	Réf		
	11.1	- Suivi des recommandations du rapport final de contrôle (recommandations à la personne contrôlée ou à la douane de prendre des mesures spécifiques).	- Rapport final.
CONTROLEUR	Réf		
	11.2	- Nouvelle visite des locaux de la personne contrôlée pour effectuer des vérifications de suivi.	- Ordre de mission ; - Termes de référence.

Nom du sous-système		***RECOURS***	
Réf No :		***12***	
Responsable		**Action**	**Document**
PERSONNE CONTROLEE	Réf		
	12.1	- Droit de recours auprès du Directeur général des Douanes et Accises, si la personne contrôlée conteste le rapport final de la mission. NB : le recours n'est pas suspensif des conclusions du rapport final ni des différentes décisions contestées.	- Lettre de contestation.
DG-DGDA	Réf		
	12.2	- Traitement du recours, à la diligence et sous la responsabilité du Directeur Général des douanes et accises, par la Direction de l'Audit Interne ; - Réponse à la lettre de recours, en cas de rejet du recours, il est notifié au requérant (personne contrôlée), par écrit, les raisons qui motivent la décision, et la douane l'informe de son droit d'introduire éventuellement un nouveau recours devant la commission de règlement des litiges douaniers ou devant le Ministre ayant les Finances dans ses attributions selon le cas, en précisant le délai	- Rapport final ; - PV d'infraction ; - Lettre de contestation ; - Lettre de rejet.

		dans lequel ce nouveau recours doit être introduit.	
PERSONNE CONTROLEE	Réf		
	12.3	- Dépôt du nouveau recours.	- Rapport final ; - PV d'infraction ; - Lettre de contestation ; - Lettre de rejet ; - Lettre du nouveau recours.
COMMISSION DE RÈGLEMENT DES LITIGES DOUANIERS / MINISTRE DES FINANCES	Réf		
	12.4	- Traitement du nouveau recours ; - Réponse à la lettre de recours, en cas de nouveau rejet du recours, la personne contrôlée dispose d'un délai de 30 jours à compter de la notification de la décision contestée, pour introduire son recours devant le Conseil d'Etat.	- Rapport final ; - PV d'infraction ; - Lettre de contestation ; - Lettre de rejet ; - Lettre du nouveau recours ; - Décision de la Commission ou du Ministre des Finances.
Nom du sous-système		***RECOURS***	
Réf No :		***12 suite***	
Responsable		**Action**	**Document**
PERSONNE CONTROLEE / DOUANE	Réf		
	12.5	- Dépôt du dernier recours par la personne contrôlée ou du recours de la douane, si elle conteste la décision prise par la Commission	- Rapport final ; - PV d'infraction ; - Lettre de contestation ; - Lettre de rejet ;

		de règlement des litiges douaniers ; Ces recours ne peuvent être introduits que dans les trente (30) jours qui suivent la décision de la Commission.	- Lettre du nouveau recours ; - Décision de la Commission ou du Ministre des Finances ; - Lettre de dernier recours ; - Lettre de la douane de contestation.
CONSEIL D'ETAT	Réf		
	12.6	- Traitement du dernier recours ; - Réponse par une décision, en premier et dernier ressort quant au fond.	- Rapport final ; - PV d'infraction ; - Lettre de contestation ; - Lettre de rejet ; - Lettre du nouveau recours ; - Décision de la Commission ou du Ministre des Finances ; - Lettre de dernier recours ; - Lettre de la douane de contestation ; - Décision du Conseil d'Etat.

Nom du sous-système		***ATTESTATION DE CONTROLE***	
Réf No :		***13***	
Responsable		**Action**	**Document**
DG-DGDA	Réf		
	13.1	- Délivrance par la DGDA, à l'issue du contrôle, à la personne contrôlée, d'une attestation de contrôle indiquant notamment : ➢ Les agents ayant procédé au contrôle a posteriori ;	- Attestation de contrôle.

		➢ Les matières ; ➢ La période ayant fait l'objet de contrôle.	

Nom du sous-système		***ARCHIVAGE***	
Réf No :		***14***	
Responsable		**Action**	**Document**
DGDA - CNCAP	Réf		
	14.1	- Conservation de la documentation obtenue, du rapport de mission de contrôle, des lettres de recours et des différentes décisions, conformément aux lois en vigueur en matière d'archives, par le secrétariat technique du CNCAP ; Elle ne peut être inférieure à dix (10) années.	- Documentation - Rapport final de mission ; - Lettres de recours ; - Décisions.

Source : l'auteur

Titre du Système :	CONTROLES A POSTERIORI
Objectif du Système :	VOLUME V - PROCEDURES DES CAP POUR LES PRODUITS D'ACCISES ET LES PRODUITS PETROLIERS
Réf No :	Étapes du Système (Sous-système) :
1	*REUNION INITIALE*
2	*REMISE DES DONNEES ET ACCES AUX SOURCES DES DONNEES*
3	*EXAMEN ET VERIFICATION DE LA COMPTABILITE, INVENTAIRE PHYSIQUE*
4	*CONSIGNATION DES RESULTATS*
5	*CONSTATATIONS DES ANOMALIES*
6	*COMMUNICATION DES CONCLUSIONS PROVISOIRES*
7	*AVIS SUR LES CONCLUSIONS PROVISOIRES*
8	*RAPPORT FINAL*
9	*CONTROLE DE L'ASSURANCE QUALITE*
10	*COMMUNICATION DU RAPPORT FINAL*
11	*EXECUTION DES DECISIONS DU RAPPORT*
12	*RECOURS*
13	*ATTESTATION DE CONTROLE*
14	*ARCHIVAGE*

Nom du sous-système		*REUNION INITIALE*	
Réf No :		*1*	
Responsable	**Action**		**Document**
CONTROLEUR	Réf		
	1.1	- Présentation de toute l'équipe de contrôle à l'autorité compétente de la personne contrôlée ; - Explication sur les grandes lignes de la méthode appliquée aux fins du contrôle ; - Demande de la documentation comptable ; - Remise du questionnaire ;	- Ordre de mission ; - Termes de référence ; - Questionnaire.

		- Demande de la désignation d'un cadre comme interface ; - Demande des commodités qui doivent être mises à la disposition du contrôleur.	
PERSONNE CONTROLEE (PRODUCTEUR, OPERATEUR)	Réf		
	1.2	- Présentation de la personne désignée comme interface ; - Installation du contrôleur et de son équipe ; - Présentation des commodités.	

Nom du sous-système		*REMISE DES DONNEES ET ACCES AUX SOURCES DES DONNEES*	
Réf No :		***2***	
Responsable	**Action**		**Document**
PERSONNE CONTROLEE (PRODUCTEUR, OPERATEUR)	Réf		
	2.1	- Remise du questionnaire dûment rempli ; - Remise de la documentation demandée ; - Explication du manuel des procédures comptables, du processus de production, du fonctionnement du switch, du compteur ou tout appareil de mesure ; - Remise des mots de passe du système informatique.	- Documentation - Questionnaire dûment rempli ; - Manuel des procédures comptables ; - Manuel du processus de production ; - Manuel d'usage du switch, compteur ou appareil de mesure.

Nom du sous-système		*REMISE DES DONNEES ET ACCES AUX SOURCES DES DONNEES*	
Réf No :		***2 suite***	
Responsable		**Action**	**Document**
CONTROLEUR	Réf		
	2.2	- Obtention de la documentation (manuel du processus de production, manuel des procédures comptables, livres, registres, carnets) ; - Obtention du questionnaire dûment rempli ; - Obtention de l'accès aux sources d'informations comptables (ordinateurs et autres supports de stockage) et d'accès au switch, au compteur ou tout appareil de mesure.	- Documentation - Questionnaire dûment rempli ; - Manuel du processus de production ; - Manuel des procédures comptables.

Nom du sous-système		*EXAMEN ET VERIFICATION DE LA COMPTABILITE, INVENTAIRE PHYSIQUE*	
Réf No :		*3*	
Responsable		**Action**	**Document**
CONTROLEUR	Réf		
	3.1	- Identification et maîtrise du processus de production, de vente, des méthodes utilisées par la personne contrôlée pour tenir sa comptabilité et stocker ses documents ; - Examen et Vérification de la comptabilité, des pièces justificatifs afin de déterminer l'exhaustivité, l'exactitude, la précision et l'authentification des déclarations des produits	- Documentation (livres, registres, carnets, journaux, relevés de jaugeage, PV de destruction-des manquants-des casses-de coulage, déclarations des exportations, factures, bons de commandes, bons de livraisons, contrats de vente, contrats d'achat,

		soumis aux droits d'accises ; - Comparaison des écritures comptables de la personne contrôlée d'avec les données et renseignements disponibles (fichier SYDONIA : historiques des dossiers antérieurs, Bureaux de représentation de la DGDA à l'extérieur, Douanes étrangères, Communautés économiques régionales, autres services publics de l'Etat dans le cadre des protocoles d'accord, autres personnes intéressées dans les transactions de la personne contrôlée).	contrats de transport, contrats d'assurance, contrats de commission, consignes de production.
Nom du sous-système		***EXAMEN ET VERIFICATION DE LA COMPTABILITE, INVENTAIRE PHYSIQUE***	
Réf No :		***3 suite***	
Responsable	**Action**		**Document**
CONTROLEUR	Réf		
	3.1 suite		Rapports de fabrication, lettres de crédit, relevés bancaires, demandes d'envoi de fonds à l'étranger, notes de débit/crédit, déclarations douanières et d'accises, déclarations mensuelles de travail, relevés des coefficients de

			rendement et des coefficients de freintes, relevés des matières premières, des produits finis, structures des prix, listes de colisage, ...) ; - Fichiers, rapports.
	3.2	- Inventaire physique des marchandises dans l'entrepôt afin de vérifier les quantités exportées par rapport aux quantités produites et cédées ; - Etablissement des reçus pour les échantillons emportés.	- Fiches d'inventaires ; - Déclarations des exportations ; - Relevé de toutes les cessions ; - Reçus d'échantillons.
CONTROLEUR	Réf		
	3.3	- Contrôle de conformité aux lois et règlements en vigueur.	- Documentation
CONTROLEUR	Réf		
	3.4	- Contrôle auprès d'une tierce partie : il consiste en un examen des registres commerciaux conservés par les personnes/entreprises pour compléter le contrôle effectué auprès de la personne contrôlée.	- Documentation
Nom du sous-système		***CONSIGNATION DES RESULTATS***	
Réf No :		***4***	
Responsable		**Action**	**Document**
CONTROLEUR	Réf		
	4.1	- Documentation détaillée des résultats du contrôle ; - Constitution du rapport exhaustif à l'aide : des	- Documentation

		notes, des calculs et des comptes rendus écrits de procédures réalisées durant le contrôle ; - Constitution d'une base saine, formulation des conclusions obtenues des éléments de preuve suffisants, pertinents et fiables ; - Assurance que tous les documents pertinents pour le contrôle et toutes les notes prises sont conservés en sécurité.	
CONTROLEUR	Réf		
	4.2	- Rédaction du rapport provisoire : Après avoir terminé l'examen de la comptabilité de la personne contrôlée, le contrôleur devrait résumer les résultats qu'il a obtenus, en appréciant pour cela tous les éléments du contrôle, y compris l'inspection des installations, les résultats des vérifications matérielles, et en examinant tous les documents de travail, etc. pour préparer le rapport de contrôle qui sera présenté à la personne contrôlée.	- Rapport provisoire.

Nom du Sous-système		*CONSTATATIONS DES ANOMALIES*	
Réf No :		***5***	
Responsable		**Action**	**Document**
CONTROLEUR	Réf		
	5.1	- Evaluation des éléments probants obtenus ; - Formulation d'une opinion fondée sur les conclusions du contrôle ; et - Emission des décisions importantes.	- Rapport provisoire.
CONTROLEUR	Réf		
	5.2	- Rédaction du procès-verbal d'infraction (PV) en cas d'irrégularité et enclenchement de la procédure contentieuse.	- Procès-verbal d'infraction.
CONTROLEUR	Réf		
	5.3	- Prise des mesures conservatoires nécessaires telles que la saisie des marchandises, des documents, des supports informatiques des données, conformément à l'Ordonnance-Loi n° 10/002 du 20 août 2010 portant Code des douanes et à l'Ordonnance-Loi n° 18/002 du 13 mars 2018 portant Codes des accises.	- Procès-verbal d'infraction ; - Procès-verbal de saisie.

Nom du Sous-système		*COMMUNICATION DES CONCLUSIONS PROVISOIRES*	
Réf No :		*6*	
Responsable		**Action**	**Document**
CONTROLEUR	Réf		
	6.1	- Présentation du rapport provisoire ou résumé des résultats du contrôle à la personne contrôlée.	- Rapport provisoire ; - Procès-verbal d'infraction.

Nom du sous-système		*AVIS SUR LES CONCLUSIONS PROVISOIRES*	
Réf No :		*7*	
Responsable		**Action**	**Document**
PERSONNE CONTROLEE (PRODUCTEUR, OPERATEUR)	Réf		
	7.1	- Présentation, dans les quarante-huit (48) heures, des avis et considérations sur les conclusions provisoires de la mission de contrôle ; Passé ce délai, les conclusions provisoires seront considérées comme définitives.	- Avis et considérations.

Nom du sous-système		*RAPPORT FINAL*	
Réf No :		*8*	
Responsable		**Action**	**Document**
CONTROLEUR	Réf		
	8.1	- Rédaction du rapport final.	- Rapport final.
CONTROLEUR	Réf		
	8.2	- Transmission du rapport final au Secrétariat du CNCAP.	- Rapport final.

Nom du sous-système		*CONTROLE DE L'ASSURANCE QUALITE*	
Réf No :		***9***	
Responsable		**Action**	**Document**
DGDA - CNCAP	Réf		
	9.1	- Contrôle du rapport final et émission de l'évaluation sur la qualité par un avis de conformité. (Contrôle de la forme et du fond) ; - Si l'avis est négatif, le CNCAP émet ses recommandations et, le cas échéant, il peut restructurer l'équipe et les objectifs de la mission.	- Avis de conformité sur l'assurance qualité du rapport.

Nom du sous-système		*COMMUNICATION DU RAPPORT FINAL*	
Réf no :		***10***	
Responsable		**Action**	**Document**
CONTROLEUR	Réf		
	10.1	- Remise du rapport final, le cas échéant, si l'avis de conformité est positif, à la personne contrôlée.	- Rapport final.
DGDA - CNCAP	Réf		
	10.2	- Communication du rapport final aux services de la douane suivants : le bureau concerné par les dédouanements des produits pétroliers, des produits soumis aux droits d'accises, les Directions de la Valeur, des Affaires Juridiques et Contentieuses, de la Règlementation et Facilitation, de la Brigade et Lutte contre la	- Rapport final.

		Fraude, des Autres Produits d'accises.	

Nom du sous-système		*EXECUTION DES DECISIONS DU RAPPORT*	
Réf no :		***11***	
Responsable	**Action**		**Document**
DGDA - CNCAP	Réf		
	11.1	- Suivi des recommandations du rapport final de contrôle (recommandations à la personne contrôlée ou à la douane de prendre des mesures spécifiques).	- Rapport final.
CONTROLEUR	Réf		
	11.2	- Nouvelle visite des locaux de la personne contrôlée pour effectuer des vérifications de suivi.	- Ordre de mission ; - Termes de référence.

Nom du sous-système		*RECOURS*	
Réf No :		***12***	
Responsable	**Action**		**Document**
PERSONNE CONTROLEE (PRODUCTEUR, OPERATEUR)	Réf		
	12.1	- Droit de recours auprès du Directeur Général des Douanes et Accises, si la personne contrôlée conteste le rapport final de la mission. NB : le recours n'est pas suspensif des conclusions du rapport final ni des différentes décisions contestées.	- Lettre de contestation.

Nom du sous-système		**_RECOURS_**	
Réf No :		**_12 suite 1_**	
Responsable		**Action**	**Document**
DG-DGDA	Réf		
	12.2	- Traitement du recours à la diligence et sous la responsabilité du Directeur Général des douanes et accises, par la Direction de l'Audit Interne ; - Réponse à la lettre de recours, en cas de rejet du recours, il est notifié au requérant (personne contrôlée), par écrit, les raisons qui motivent la décision, et la douane l'informe de son droit d'introduire éventuellement un nouveau recours devant la commission de règlement des litiges douaniers ou devant le Ministre ayant les Finances dans ses attributions selon le cas, en précisant le délai dans lequel ce nouveau recours doit être introduit.	- Rapport final ; - PV d'infraction ; - Lettre de contestation ; - Lettre de rejet.
PERSONNE CONTROLEE (PRODUCTEUR, OPERATEUR)	Réf		
	12.3	- Dépôt du nouveau recours.	- Rapport final ; - PV d'infraction ;

			- Lettre de contestation ; - Lettre de rejet ; - Lettre du nouveau recours.
COMMISSION DE RÈGLEMENT DES LITIGES DOUANIERS / MINISTRE DES FINANCES	Réf		
	12.4	- Traitement du nouveau recours ; - Réponse à la lettre de recours, en cas de nouveau rejet du recours, la personne contrôlée dispose d'un délai de 30 jours à compter de la notification de la décision contestée, pour introduire son recours devant le Conseil d'Etat.	- Rapport final ; - PV d'infraction ; - Lettre de contestation ; - Lettre de rejet ; - Lettre du nouveau recours ; - Décision de la Commission ou du Ministre des Finances.

Nom du sous-système		***RECOURS***	
Réf No :		***12 suite 2***	
Responsable		**Action**	**Document**
PERSONNE CONTROLEE (PRODUCTEUR, OPERATEUR) / DOUANE	Réf		
	12.5	- Dépôt du dernier recours par la personne contrôlée ou du recours de la douane, si elle conteste la décision prise par la Commission de	- Rapport final ; - PV d'infraction ; - Lettre de contestation ; - Lettre de rejet ; - Lettre du nouveau recours ;

		règlement des litiges douaniers ; Ces recours ne peuvent être introduits que dans les trente (30) jours qui suivent la décision de la Commission.	- Décision de la Commission ou du Ministre des Finances ; - Lettre de dernier recours ; - Lettre de la douane de contestation.
CONSEIL D'ETAT	Réf		
	12.6	- Traitement du dernier recours ; - Réponse par une décision, en premier et dernier ressort quant au fond.	- Rapport final ; - PV d'infraction ; - Lettre de contestation ; - Lettre de rejet ; - Lettre du nouveau recours ; - Décision de la Commission ou du Ministre des Finances ; - Lettre de dernier recours ; - Lettre de la douane de contestation ; - Décision du Conseil d'Etat.

Nom du sous-système		***ATTESTATION DE CONTROLE***	
Réf No :		***13***	
Responsable		**Action**	**Document**
DG-DGDA	Réf		
	13.1	- Délivrance par la DGDA, à l'issue du contrôle, à la personne contrôlée, d'une attestation de contrôle indiquant notamment : ➢ Les agents ayant procédé au contrôle a posteriori ; ➢ Les matières ;	- Attestation de contrôle.

		➢ La période ayant fait l'objet de contrôle.	

Nom du sous-système		***ARCHIVAGE***	
Réf No :		***14***	
Responsable	**Action**		**Document**
DGDA - CNCAP	Réf		
	14.1	- Conservation de la documentation obtenue, du rapport de mission de contrôle, des lettres de recours et des différentes décisions, conformément aux lois en vigueur en matière d'archives, par le secrétariat technique du CNCAP ; Elle ne peut être inférieure à dix (10) années.	- Documentation - Rapport final de mission ; - Lettres de recours ; - Décisions.

Source : l'auteur

Annexe II : Guide des vérifications[94]

1. Listes préparatoires de vérification

A. Recueil de renseignements concernant l'entité à contrôler

1. Pourquoi la personne / l'entreprise a-t-elle été choisie ?
2. Préciser les risques suspectés.

B. Liste de vérification des caractéristiques de l'organisation

1. Identification : nom, numéro RCCM, numéro d'inscription au registre des entreprises nationales, numéro d'identification fiscale NIF, numéro de TVA, adresse du siège social, adresse des entrepôts ou des usines.
2. Quelle est la structure juridique de l'entité (par exemple, responsabilité limitée, partenariat, etc.) ?
3. Des changements récents ont-ils été apportés à la structure juridique (par exemple, fusion, split, etc.) ?
4. Renseignements concernant les propriétaires, les directeurs et les gérants de l'entreprise de l'opérateur.
5. Volume du chiffre d'affaires, des profits et des pertes.
6. Qui est juridiquement fondé à agir au nom de l'opérateur ?
7. Montant du capital social.
8. Est-ce que l'opérateur, ses gestionnaires ou ses actionnaires entretiennent des relations avec d'autres parties ?
   8.1. Dans l'affirmative, quelles sont ces autres parties ? (Nom, numéro fiscal, adresse).
   8.2. Quelle est la nature de leurs relations ?
9. Comment est organisé le système de comptabilité de l'opérateur ?
   9.1. S'agit-il d'un système interne ou d'un système acheté ?
   9.2. Dispose-t-on de renseignements préalables concernant le type de système employé ?

---

[94] OMD, (2012), Op. Cit.

10. L'opérateur a-t-il un système de formation des employés aux questions liées à la douane et/ou aux accises ? Dans l'affirmative, quels en sont les éléments détaillés ?
11. Quelle est la structure interne de l'organisation de l'opérateur ? Répertorier les services ou les fonctions présentant un intérêt pour le contrôle douanier ou accisien.
12. Le cas échéant, quels sont les autorisations accordées, refusées ou supprimées à l'opérateur par l'administration douanière ?
13. L'opérateur a-t-il recours à des régimes simplifiés pour les régimes douaniers d'importation, d''exportation ou de fonctionnement ?
14. L'opérateur est-il un fabricant, un commerçant ou les deux ?
15. Quelles sont les principales activités commerciales de l'opérateur ?
16. L'opérateur dispose-t-il d'installations de stockage et, dans l'affirmative, quelles sont leurs capacités ?

C. Niveau de conformité vis-à-vis de la Loi

1. L'opérateur a-t-il fait l'objet d'une enquête préalable ?
   1.1. Dans l'affirmative, quels en sont les résultats ?
2. Existe-t-il des soupçons de fraude ou d'irrégularités concernant l'opérateur ou les actionnaires, les partenaires ou encore les gestionnaires ?
   2.1. Dans l'affirmative, quels sont ces soupçons ?
   2.2. D'où provient l'alerte ?
3. Est-ce que l'opérateur, les actionnaires, les partenaires ou les gestionnaires ont été reconnus coupables de fraude ou d'irrégularités ?
   3.1. Dans l'affirmative, préciser.
4. L'opérateur a-t-il déjà fait l'objet d'un contrôle par la douane ou par d'autres autorités ?
   4.1. Des vérifications pertinentes pour le présent contrôle ont été effectuées ?
   4.2. Dans l'affirmative, quels en sont les résultats ?
5. Les indicateurs financiers/fiscaux disponibles concernant l'opérateur font-ils état d'une entreprise saine ?

6. Des procédures de recouvrement portant sur des dettes contractées par l'opérateur ont-elles été constatées par le passé ou sont-elles en cours ?

D. Procédures internes / systèmes de contrôle de l'entité contrôlée

1. L'opérateur dispose-t-il en interne d'un service ou d'une personne responsable des questions douanières et/ou accisiennes ?
   1.1. Quelles sont les personnes responsables des différents domaines, par exemple le classement tarifaire, les régimes douaniers, l'évaluation de la valeur en douane et/ou de l'assiette imposable pour les produits d'accises ou encore le contact avec les fournisseurs, etc. ?
   1.2. De quelle nature est la communication entre la personne qui effectue la déclaration et les autres services de l'opérateur (comptabilité, spécialistes du produit, réception des marchandises, etc.)?
   1.3. Comment l'opérateur s'adapte-t-il aux évolutions de la législation ?
   1.4. Quelle est la procédure habituellement suivie lorsque l'employé compétent est parti, que ce soit à titre temporaire ou permanent ?
   1.5. Quelle est la procédure suivie lorsque des anomalies sont constatées, au niveau par exemple des quantités fournies, des marchandises endommagées, des marchandises renvoyées, des écarts de prix ou des entrées et/ou sorties en stock, et qui est chargé de cette procédure ?
   1.6. Les employés-clés de l'opérateur ont-ils connaissance de l'existence au sein de la douane de correspondants susceptibles de les aider pour satisfaire aux obligations de la douane ?
2. L'opérateur dispose-t-il d'un agent chargé de la déclaration ?
   2.1. Dans l'affirmative, qui est cet agent ?
   2.2. Quels sont les antécédents de l'agent avec l'administration douanière ?
   2.3. Quel type de mandat a été confié à l'agent, à savoir s'agit-il d'une représentation directe ou indirecte ?

3. L'opérateur utilise-t-il des transitaires/expéditeurs pour préparer et soumettre en son nom les déclarations d'importation/exportation ? Si c'est le cas, obtenir leur liste.
4. Parmi les personnes mentionnées dans les questions D.2.1 ou D.2.2, des changements récents sont-ils intervenus ?
5. Quel est le mode de paiement choisi pour les droits de douane et/ou d'accises, par exemple argent liquide, virement bancaire, chèque etc. ?
6. L'opérateur dispose-t-il d'un système interne de contrôle (y compris sous la forme de vérification régulière) garantissant l'exactitude des déclarations?
   6.1. Existe-t-il des directives internes écrites concernant les procédures douanières courantes et/ou accisiennes / procédures de l'opérateur ?
   6.2. Ces procédures comportent-t-elles des défauts ou des erreurs ?
   6.3. Lors des tests (répétition) des erreurs ont été constatées dans les procédures courantes ou des procédures courantes sont-elles manquantes ?
   6.4. Quelle est la nature de ces erreurs ou omissions ?
   6.5. Quelles sont les procédures manuelles courantes en cas de panne informatique ?
7. Décrire comment des corrections sont apportées aux déclarations et avec quelle fréquence.
8. L'opérateur conserve-t-il les documents joints à la déclaration ?
9. L'opérateur dispose-t-il de contrôleurs, internes ou externes, et leurs rapports sont-ils disponibles ?
   9.1. L'opérateur est-il certifié ISO ?
   9.2. L'opérateur dispose-t-il toujours du manuel ISO ?
10. Quelles sont les procédures appliquées pour la réception et l'enregistrement des marchandises/produits dans les registres comptables de l'opérateur ?
    10.1. Comment l'opérateur s'assure-t-il que toutes les marchandises reçues/ produites sont déclarées ?
11. Dans quel lieu sont conservés les registres comptables ?
12. L'opérateur dispose-t-il en interne ou en externe d'un comptable/teneur de livres?
13. L'opérateur dispose-t-il de registres où sont consignés les stocks ?

13.1. Ces registres contiennent-ils des renseignements susceptibles d'être utilisés aux fins du contrôle ?

13.2. Comment s'effectue la gestion des stocks ?

14. Est-il possible d'établir un lien direct entre les comptes et les déclarations de marchandises et/ou d'accises, et vice versa ?
15. Quel système de comptabilité l'opérateur utilise-t-il ?

    15.1. Quelle est l'année fiscale ?

    15.2. Le plan comptable a-t-il été vérifié par le contrôleur?

    15.3. Quels comptes sont utilisés pour les importations/exportations, les produits d'accises ?

    15.4. L'opérateur utilise-t-il des livres comptables optionnels ?

    15.5. Toutes les parties du système de comptabilité sont-elles intégrées ? Y-a-t-il des parties non intégrées ?

    15.6. Préciser quels sont les logiciels employés par l'opérateur.
16. Répertorier les principaux points d'organisation de l'environnement informatisé de l'opérateur qui sont à prendre en compte aux fins du contrôle.
17. Quelles sont les procédures appliquées concernant la sauvegarde et la récupération des données ?

    17.1. Quelle est la durée de conservation en ligne des registres ?

E. Transactions de l'opérateur

1. Nombre des déclarations présentées à la douane durant la période de contrôle.
2. Comment les déclarations sont-elles présentées à la douane (manuellement, online, etc.) ?
3. Type de déclarations soumises à la douane durant la période de contrôle (régimes douaniers : importation, exportation, etc.). En termes de valeur et de quantité, quels sont les régimes douaniers les plus utilisés ?
4. Types de marchandises — classement tarifaire.

    4.1. Vérifier s'il existe des risques en relation avec le classement tarifaire.

    4.2. Quels sont les codes de marchandises les plus utilisés ?

    4.3. Constate-t-on des variations dans le temps ?

    4.4. Des renseignements tarifaires contraignants ont-ils été fournis à l'opérateur ?

4.5. Existe-t-il des fichiers ou des listes distinct (e)s constituées (e)s par l'opérateur, ou chaque numéro de produit est mis en relation avec un code de marchandises ?

5. Les codes déclarés pour la procédure sont-ils cohérents au regard du type d'activité de l'opérateur ?
6. Valeur en douane déclarée pour les marchandises ou base imposable déclarée pour les produits d'accises.

   6.1. Vérifier s'il existe des risques en relation avec la valeur en douane ou la base imposable des produits d'accises.

   6.2. Quelle est la valeur totale/base imposable totale déclarée par l'opérateur durant la période sous-contrôle ?

   6.3. Constate-t-on durant la période concernée des variations importantes de la valeur/base imposable déclarée pour le même type de marchandises/produits d'accises par le même opérateur ou par d'autres opérateurs ?

   6.4. Quelles sont les conditions générales de paiement des droits et taxes ? (Par exemple, paiement préalable, paiement après approbation, lettre de crédit, etc.).
7. Origine déclarée.

   7.1. Vérifier s'il existe des risques en relation avec l'origine.

   7.2. Quels sont les principaux pays d'origine déclarée ?

   7.3. Constate-t-on des variations dans le temps ?
8. Qui sont les principaux fournisseurs ?
9. A-t-on constaté des modifications dans le modèle commercial détecté (par exemple, modification du lieu de déclaration, des fournisseurs, etc.) ?
10. Dans le cas d'un exportateur, qui sont les clients ?
11. Quels sont les moyens de transport généralement utilisés par l'opérateur (par exemple, voie maritime, voie aérienne, voie terrestre, etc.) ?

    11.1. Qui sont les transporteurs concernés ?

F. Conclusion

1. Une réunion préparatoire avec l'opérateur est-elle nécessaire ?
2. L'opérateur semble-t-il convenir pour un contrôle ?
3. Quelles conclusions ont été tirées concernant les domaines de risque ?

4. Les résultats de l'analyse des risques qui a conduit à choisir l'opérateur ont-ils été vérifiés ? Si ce n'est pas le cas, pourquoi ?
5. Des risques supplémentaires ont-ils été détectés ?
6. Définir l'étendue du contrôle, c'est-à-dire la période durant laquelle il se déroulera, les transactions à vérifier, etc.
7. Établir une liste des questions en suspens qui doivent être clarifiées durant la phase d'exécution.

2. Liste des vérifications thématiques

A. Valeur en douane

1. Quelles sont les connaissances dont dispose l'opérateur concernant la méthode d'évaluation en douane (et, notamment, sur les éléments à inclure dans la valeur transactionnelle conformément à l'Accord de l'OMC sur l'évaluation) ?
2. L'opérateur dispose-t-il des contrôles internes et des systèmes de comptabilité appropriés garantissant que tous les paiements effectués en relation avec des marchandises importées/exportées sont consignés et identifiés afin de faciliter le rapprochement avec les déclarations de la valeur en douane ?
3. La valeur en douane est-elle corroborée par des bons de commande, des contrats de vente, des factures, etc. ? Les relevés bancaires et les preuves de paiement doivent également être vérifiés.
4. L'opérateur est-il lié à l'un de ses fournisseurs (au sens de l'Article 15.4 de l'Accord de l'OMC sur l'évaluation) ? Dans l'affirmative, cette relation a-t-elle eu sur le prix une influence intéressant la douane (Article 1 de l'Accord de l'OMC sur l'évaluation) ?
5. En cas de recours à un système de valeur CAF, les coûts du fret et de l'assurance ont-ils été correctement inclus ? Les dispositions relatives au fret sur les factures et sur les contrats de fret (INCOTERMS) correspondent-elles aux charges déclarées pour le fret ? Le fret est-il payé à l'avance

par l'opérateur (risque d'omission dans la valeur en douane) ?

6. En cas de recours à un système de valeur FAB (le pays ayant pris une décision telle que visée sous l'article 8.2 de l'Accord de l'OMC sur l'évaluation), les coûts du fret et de l'assurance ont-ils été correctement exclus ?
7. Les commissions ont-elles été correctement déclarées et prises en compte ? (Les commissions d'achat peuvent avoir été oubliées et les commissions de vente doivent être incluses dans la valeur transactionnelle).
8. Le taux de change appliqué à une devise étrangère est-il correct ?
9. Si un formulaire de déclaration de valeur en douane a été rempli (en plus de la déclaration de marchandises), est-il corroboré par les registres de l'importateur/exportateur ?
10. Lorsque des remises de prix ont été déclarées, s'agit-il de remises authentiques ? Tous les acheteurs potentiels peuvent-ils en bénéficier librement ?
11. Des paiements préalables qui n'auraient pas été inclus dans la valeur déclarée ont-ils été effectués pour les marchandises importées/exportées ?
12. La valeur en douane déclarée est-elle très basse comparée à la revente des marchandises à une partie tierce ? (Cet indice n'est pas suffisant mais une marge bénéficiaire exceptionnellement importante pour les marchandises concernées peut signifier que la valeur déclarée à l'importation/exportation a été sous-estimée).
13. Le paiement des marchandises importées/exportées passe-t-il par l'entremise d'une société tierce? Dans l'affirmative, les sommes appropriées ont-elles été incluses dans la valeur en douane?
14. Des matériaux, des composants, etc. ont-ils été fournis gratuitement ou à un prix réduit au fabricant/vendeur en vue de leur incorporation dans les marchandises importées ? (Constituant ainsi un éventuel "apport" au sens de l'Article 8.1 b) de l'Accord de l'OMC sur l'évaluation)
15. L'importateur a-t-il conclu un accord sur les redevances ou sur les droits de licence qui serait applicable aux marchandises importées ? (Inclusion possible des

redevances ou des droits de licence dans la valeur transactionnelle conformément à l'Article 8.1 c) de l'Accord de l'OMC sur l'évaluation).

16. L'importateur a-t-il eu recours à une méthode d'évaluation autre que celle de la valeur transactionnelle ? Dans l'affirmative, s'assurer qu'une valeur transactionnelle ne peut pas être déterminée. Cela sera évident si aucune vente n'a eu lieu. Les importateurs devraient être invités à consulter la douane avant de recourir à une méthode alternative de détermination de la valeur.
17. Les paiements annuels effectués par l'acheteur à un vendeur spécifique sont-ils plus élevés que la valeur des ventes annuelles réalisées par le vendeur ? (Le cas échéant)

B. Pays d'origine

1. A-t-on constaté des importations de produits pour lesquelles le pays d'origine déclaré avait changé durant la dernière année ? L'opérateur fait-il toujours appel aux mêmes fournisseurs pour des produits de même origine ou des changements ont-ils été constatés ?
2. Le pays d'origine déclaré est-il proche du pays où des droits anti-dumping ou des droits compensateurs ont été introduits pour des marchandises identiques, ou de pays pour lesquels l'importation des marchandises nécessite une licence ?
3. Les marchandises sont-elles importées depuis des zones géographiques à risque du point de vue des mesures commerciales applicables (par exemple, droits anti-dumping, quotas, etc.) ?
4. Le même produit est-il importé depuis des pays différents ?
5. Une preuve de l'origine existe-t-elle ? La preuve appropriée a-t-elle bien été apportée ? Est-elle valide ? Les preuves reposent-elles sur des documents originaux (et pas simplement sur des photocopies) ? Est-elle consignée dans la déclaration de marchandises ?

6. La nature et la quantité des marchandises importées correspondent-elles aux renseignements qui sont indiqués dans la preuve de l'origine ?
7. Les preuves de l'origine de marchandises importées par l'opérateur ont-elles été systématiquement fournies après coup ?
8. Le cachet ou le tampon apparaissant sur la preuve de l'origine correspond-il à la liste disponible ?
9. Si l'exportateur est agréé, son numéro d'agrément est-il communiqué ?
10. Des renseignements contraignants sur l'origine ont-ils été dispensés à l'opérateur ? Les produits importés et leur lieu d'origine correspondent-ils à ces renseignements ?
11. Vérifier l'itinéraire de transport afin de vérifier si la règle concernant le transport direct a été respectée et/ou si l'itinéraire de transport est suspect/inattendu.
12. Le pays d'expédition/exportation est-il incohérent ou incompatible de quelque manière que ce soit avec le pays d'origine déclaré ?
13. Est-il vraisemblable que le pays d'origine soit en mesure de fabriquer les marchandises concernées dans les quantités importées ?
14. Le fournisseur/fabricant apparaît-il dans les comptes en tant que créditeur ?
15. Les documents d'expédition sont-ils cohérents avec le pays d'origine déclaré ?
16. Les paiements ont-ils été effectués à un tiers d'un pays autre que le pays d'origine déclaré ? Les paiements ont-ils été effectués à un tiers autre que le vendeur des marchandises (dans la mesure du possible, examiner le stock et vérifier l'origine déclarée ainsi que les codes-barres figurant sur les boîtes, paquets et emballages des marchandises.)
17. Le fournisseur est-il un commerçant ou un fabricant ? Des renseignements indiquent-ils que les marchandises ont été vendues à de nombreuses reprises avant l'importation ou que nombre d'entreprises différentes ont été impliquées ? Des éléments laissent-ils supposer que ces opérations auraient eu lieu afin de bénéficier de la part de la douane

d'un meilleur traitement (traitement préférentiel, aucun droit anti-dumping, aucune restriction, etc.) ?

C. Classement tarifaire

1. Une enquête préalable concernant le classement tarifaire a-t-elle été réalisée ? Dans l'affirmative, quel a été le résultat de cette enquête ?
2. Quels sont les procédures courantes mises en œuvre aux fins du classement des marchandises (renseignements/ décision de classement avant l'entrée, classement au moment du traitement de la déclaration, classement après l'entrée, ou une combinaison de ces éléments) ?
3. Quelles catégories de produits l'opérateur importe/exporte-t-il (par exemple nourriture/produits chimiques/textile/machines/etc. ou parties/produits non-assemblés/non achevés/ finis) ?
4. Quels produits représentent le plus gros volume ? Quels produits ont la valeur la plus élevée ?
5. Les codes utilisés pour les marchandises sont-ils compatibles avec les activités de l'opérateur ?
6. Des renseignements tarifaires contraignants ont-ils été fournis à l'opérateur avant l'entrée des marchandises ? L'opérateur classe-t-il les marchandises conformément à ces renseignements ?
7. L'opérateur a-t-il modifié le modèle de classement ? Quelle est la raison de ces changements dans le classement tarifaire ?
8. Est-il possible de classer les marchandises déclarées sous d'autres codes ?
9. L'opérateur importe-t-il des produits qui pourraient être soumis à des droits différents (par exemple des droits plus élevés ou anti-dumping ou des droits compensateurs), des interdictions, des restrictions, des tests en laboratoire ou physiques, une certification de norme technique, des exigences découlant des règles d'origine ? Dans l'affirmative, qui est le fabricant ? Un certificat correct a-t-il été délivré ?

10. L'opérateur a-t-il recours à des codes de marchandises pour lesquels s'appliquent des taux de droits bas ou nuls ?
11. L'opérateur a-t-il recours à des codes de marchandises pour lesquels s'applique une suspension tarifaire ? Dans l'affirmative, toutes les conditions nécessaires à cette suspension sont-elles remplies ?
12. L'opérateur a-t-il recours à des codes de marchandises avec un taux préférentiel de droit ou bénéficie-t-il d'un régime d'exonération des droits en vertu d'accords commerciaux ?
13. Les produits de l'opérateur sont-ils déclarés/classés sous des codes de sous-positions couvrant d'autres marchandises ? Est-ce correct ?
14. L'opérateur déclare-t-il des parties pour lesquelles différentes mesures/restrictions/etc. de droits sont appliquées sur les produits assemblés/achevés/finis à l'aide de ces parties?
15. L'opérateur déclare-t-il des produits pour lesquels différentes mesures/restrictions/etc. de droits s'appliquent sur les parties avec lesquelles les produits déclarés sont assemblés/achevés/finis ?
16. Le contrôleur a-t-il prélevé un échantillon ? Des brochures et autres descriptions techniques ont-elles été sollicitées ? Quels ont été les résultats de l'enquête ?
17. Les produits ont-ils été testés en laboratoire ? Les tests ont-ils été effectués par la douane ou par l'opérateur ? Quels ont été les résultats des tests ? Dispose-t-on de courriers échangés avec les fournisseurs et permettant l'identification des marchandises ?

D. Entreposage sous douane/consignation

1. Existe-t-il une autorisation d'entreposage sous douane ? Est-elle valide ? Tous les critères pour en bénéficier sont-ils remplis ?
2. Le montant de la caution / garantie (si une caution est exigée par l'administration douanière) est-il adéquat ?

3. Les marchandises placées sous le contrôle de la douane sont-elles séparées matériellement des autres marchandises de l'entrepôt ?
4. Vérifier le système interne de contrôle.
   4.1. Comment l'opérateur auquel les marchandises sont confiées s'assure-t-il que toutes les marchandises sont déclarées à la douane ?
   4.2. Quand les marchandises reçues sont-elles consignées dans les registres du stock ?
   4.3. Avec quelle fréquence sont effectués les inventaires et quelle méthode est employée ?
   4.4. L'opérateur s'assure-t-il de l'exactitude de la déclaration de marchandises ?
   4.5. Comment le responsable de l'entrepôt s'assure-t-il que l'ensemble des données d'entrée dans la procédure et d'apurement sont bien consignées dans les comptes du stock sous entrepôt ?
   4.6. Dans le cas d'un entrepôt privé, analyser la chaîne de transaction, à savoir contrat commande confirmation de la commande facture entrée en stocks déclaration d'entrée en douane paiements déclaration douanière d'apurement/de départ de l'entrepôt/facturation réception du paiement (le cas échéant). Dans le cas d'un entrepôt public, étudier comment le responsable contrôle les entrées de marchandises (par exemple, quantité, poids, description des marchandises, etc.), leur sortie et le paiement pour le service d'entreposage.
   4.7. La même personne est-elle chargée de l'achat et de la réception des marchandises ?
   4.8. Comment l'entrée des marchandises dans l'entrepôt et leur sortie sont-elles liées au système de facturation ?
   4.9. Existe-t-il une piste d'audit entre la déclaration de marchandises et les comptes de l'opérateur?
   4.10. Les formes habituelles de manutention sont-elles autorisées ? Dans l'affirmative, vérifier si les conditions sont remplies.
5. Contrôles - entrée dans l'entrepôt en douane et dans les registres du stock

5.1. Ces installations sont-elles conformes aux conditions fixées dans l'autorisation ?

5.2. Les marchandises sont-elles conservées dans des installations agréées, le cas échéant ? (Demander la liste du stock entreposé.) (Vérifier que les comptes de l'entrepôt sont bien effectués. Vérifier que les comptes de l'entrepôt concernant chaque envoi de marchandises sont bien conservés.)

5.3. Le registre du stock est-il tenu conformément à toutes les obligations requises ?

5.4. Quand et par qui le précédent registre des stocks a-t-il été effectué ?

5.5. (Dresser l'inventaire d'un choix de marchandises dans l'entrepôt.) Les résultats correspondent-ils aux déclarations douanières d'entrée et d'apurement ainsi qu'au registre du stock présenté à la douane ?

5.6. Les marchandises sont-elles soumises à un traitement qui n'est pas autorisé ?

5.7. Les registres du stock correspondent-ils aux comptes des acheteurs et/ou des fournisseurs ?

5.8. Y a-t-il un lien entre les registres du stock et les comptes de stock ? Sont-ils compatibles?

5.9. L'autorisation couvre-t-elle l'ensemble des marchandises introduites (certains entrepôts privés sont autorisés à ne stocker que certains types de marchandises) ?

6. Contrôles - Apurement de l'entrepôt

6.1. Les codes corrects des procédures d'entrée et d'apurement sont-ils utilisés ?

6.2. Est-il possible de remonter la trace des marchandises depuis l'apurement jusqu'à leur entrée ?

6.3. La quantité et la qualité des marchandises dans l'entrepôt correspondent telles à celles figurant dans les déclarations de marchandises qui n'ont pas encore été apurées ?

6.4. Dans le cas d'un entrepôt privé, l'apurement de la déclaration de marchandises (en termes de quantité, de qualité, de valeur et d'origine des marchandises) correspond-il aux fichiers comptables concernés sur les fournisseurs, les clients et les paiements ? Dans le cas d'un

entrepôt public, l'apurement de la déclaration de marchandises correspond-il au bon de livraison dispensé lorsque les marchandises sont livrées au propriétaire ?
6.5. Les procédures visant à la destruction des marchandises dans l'entrepôt sous douane sont-elles menées à bien correctement ?
6.6. Des registres concernant la destruction de ces marchandises sont-ils tenus à jour ?

E. Contrôle de destination et mise en œuvre

1. Existe-t-il une autorisation d'utilisation finale ? Est-elle valide ? Tous les critères pour en bénéficier sont-ils remplis ?
2. Vérifier le système interne de contrôle.
   2.1. Quels registres sont tenus par l'opérateur ?
   2.2. Le registre d'utilisation finale est-il conforme à l'autorisation accordée et est-il tenu à jour ? (Vérifier si les comptes concernant la production et les stocks ont été conservés. Vérifier si les stocks sont présents. Vérifier si les marchandises sont décrites dans le document concerné en tant que marchandises destinées à une utilisation finale.)
   2.3. La nature et la quantité des marchandises importées correspondent-elles à celles indiquées dans l'autorisation d'utilisation finale ?
   2.4. L'opérateur exporte-t-il et/ou vend-il dans son pays les mêmes produits ?
   2.5. Comment l'opérateur s'assure-t-il de l'exactitude des déclarations de marchandises ?
   2.6. Analyser la chaîne de transaction, à savoir contrat commande de matières premières confirmation de commande facturation paiement/réception des marchandises/entrée dans le stock/ déclaration de marchandises d'entrée dans la procédure/le processus de production taux de rendement résultats, (y compris les déchets et les pertes) déclaration de marchandises d'apurement de la procédure.
   2.7. Existe-t-il un système de contrôle de la qualité et ce système inclut-il toutes les marchandises ?

3. Contrôles - Réception des marchandises
   3.1. Vérifier s'il y a eu des achats de produits finis par d'autres titulaires d'une autorisation dans le pays.
   3.2. Comment l'opérateur s'assure-t-il que l'ensemble des matières premières reçues sont déclarées à la douane et consignées immédiatement dans les comptes de stock ?
4. Contrôles - Production
   4.1. La durée fixée pour affecter les marchandises à leur utilisation finale a-t-elle été respectée ?
   4.2. Les produits qui en résultent sont-ils couverts par l'autorisation ? (Vérifier si, en plus de la fabrication des produits principaux, d'autres produits (y compris des déchets) sont créés.)
5. Contrôles - Destination
   5.1. Si les marchandises sont transférées avant d'être utilisé, le destinataire du transfert est-il agréé ? L'opérateur a-t-il la preuve que le destinataire à bien reçu les marchandises?
   5.2. En cas d'exportation ou de destruction des marchandises, les autorités douanières ont-elles approuvé et, si nécessaire, supervisé les opérations ?

F. Procédure de perfectionnement actif

1. Existe-t-il une autorisation de perfectionnement actif ? Est-elle valide ?
2. Toutes les conditions nécessaires à l'obtention d'une autorisation sont-elles remplies, et notamment les conditions économiques ? (Une autorisation n'est pas requise lorsque les marchandises importées ont un taux de droits nul, ou encore lorsqu'elles bénéficient d'une origine préférentielle ou d'une suspension tarifaire, puisqu'elles peuvent alors être déclarées sous le régime « autre perfectionnement actif ».) (Vérifier si les bilans trimestriels/mensuels sont dûment présentés.)
3. Le montant de la caution est-il adéquat ?
4. Vérifier le système interne de contrôle.
   4.1. Quels registres sont tenus à jour par l'opérateur ?
   4.2. Le registre de procédure du perfectionnement actif est-il conforme à l'autorisation délivrée et est-il mis à jour ?

(Vérifier si les stocks sont présents. Vérifier si les marchandises sont décrites dans le document concerné en tant que marchandises pour un perfectionnement actif.)

4.3. Analyse de la chaîne de transaction, à savoir contrat commande de matières premières confirmation de commande Facturation paiement réception des marchandises entrée en stock déclaration de marchandises d'entrée dans la procédure/le processus de production taux de rendement résultats, à savoir produits compensateurs, produits secondaires, déchets et pertes déclaration de marchandises d'apurement de la procédure factures pour les exportations ou les ventes reçu du paiement.

4.4. Comment l'opérateur s'assure-t-il que toutes les matières premières reçues sont déclarées à la douane et immédiatement reportées dans les comptes de stock ?

4.5. Comment l'opérateur s'assure-t-il de l'exactitude des déclarations de marchandises ?

4.6. Existe-t-il un système de contrôle de la qualité et ce système inclut-il toutes les marchandises ?

4.7. L'entrée des marchandises dans les locaux/le processus de production de l'opérateur et leur sortie sont-elles liées au système de facturation ?

4.8. Comment l'opérateur assure-t-il le contrôle des marchandises qui quittent l'entrepôt pour intégrer le processus de production ? (S'assurer de l'existence d'une piste d'audit entre la déclaration douanière et les comptes.)

5. Contrôles - Réception des marchandises (dresser l'inventaire d'une sélection de marchandises à contrôler.)

5.1. Les marchandises intégrées à la procédure sont-elles immédiatement consignées dans le système de comptabilité ?

5.2. Les marchandises enregistrées séparément des autres produits ne sont-elles pas intégrées à la procédure de perfectionnement actif ?

5.3. Les factures d'importation correspondent-elles aux données du compte de l'acheteur et du compte des fournisseurs ? Vérifier également les mouvements d'argent liés au paiement des factures.

5.4. Les données des comptes des fournisseurs correspondent-elles aux données comptables introduites dans le compte de perfectionnement actif (par exemple, inventaire de l'entrepôt, entrées dans le processus de production, etc.) ?
5.5. (Sélectionner des marchandises reçues par l'opérateur.) Ont-elles été déclarées auprès de la douane pour entrer dans la procédure ?

6. Contrôles — Production

6.1. Les spécifications techniques des produits correspondent-elles aux spécifications déclarées à la douane ? (Vérifier si les codes de marchandises/produits déclarés lors de l'importation et de l'exportation sont couverts par l'autorisation.)
6.2. (À partir des spécifications techniques, suivre le processus de production.) L'ensemble des matières premières sont-elles totalement consommées ? (Dans le cas contraire, consulter la phase d'apurement de la procédure.)
6.3. Quel est le véritable taux de rendement ? Correspond-il à celui déclaré à la douane ?
6.4. Des ordres de production et des relevés de production sont-ils utilisés ?
6.5. (Vérifier la composition des produits par le biais d'une vérification matérielle et/ou d'une analyse en laboratoire.)
6.6. Les marchandises soumises à la procédure correspondent telles aux produits compensateurs élaborés, compte tenu des pertes et des déchets générés ?
6.7. (Déterminer si le système administratif de l'opérateur permet le suivi à la trace des matières premières incorporées aux produits compensateurs.)
6.8. Les opérations réalisées lors du processus de production sont-elles autorisées par la douane ?
6.9. Si l'opérateur importe ou obtient des marchandises similaires qui peuvent se substituer aux marchandises déclarées, vérifier les fournisseurs et effectuer des recoupements.
6.10. Si des marchandises équivalentes sont utilisées, vérifier également :

6.10.1. Si leur utilisation est autorisée par la douane ;

6.10.2. Si les marchandises relèvent du même code à huit chiffres du tarif douanier ;

6.10.3. Si les marchandises présentent la même qualité commerciale ;

6.10.4. Si les marchandises possèdent les mêmes propriétés techniques que les marchandises importées ;

6.10.5. Si l'opérateur considère que les matières sont interchangeables, et si elles sont stockées ensemble.

7.1. Comment l'opérateur consigne-t-il l'apurement de la procédure ?

7.2. Les données des factures d'exportation correspondent-elles aux données du compte des ventes et du compte de l'acheteur ?

7.3. Les factures des exportations et autres ventes correspondent-elles aux déclarations d'apurement de la douane ?

7.4. Les données du compte des ventes et du compte de l'acheteur correspondent-elles aux registres du perfectionnement actif ?

7.5. Les résultats correspondent-ils aux registres d'inventaire et d'apurement de l'opérateur?

7.6. (Analyser l'inventaire des produits compensateurs.) Comment l'opérateur consigne-t-il l'entrée de ces produits dans la zone commerciale avant leur vente, le cas échéant ?

7.7. (Vérifier, dans les comptes de stock de l'opérateur, l'existence de données de régularisation et/ou de pertes.) Les déchets et les débris sont-ils consignés ? Vérifier d'éventuelles ventes de déchets et de débris. Une destination douanière a-t-elle été précisée concernant les déchets et les débris ?

7.8. (Vérifier la durée entre l'entrée des marchandises aux fins de la procédure et l'apurement de la procédure pour les produits compensateurs.) Un système du type « premier entré-premier sorti » a-t-il été appliqué ? Des droits compensateurs étaient-ils dus et ont-ils été payés ? Si les marchandises ont été mises en libre circulation, des intérêts d'égalisation ont-ils été perçus ?

G. Procédure de perfectionnement passif

1. Existe-t-il une autorisation de perfectionnement passif ? Est-elle valide ? Toutes les conditions nécessaires à l'obtention d'une autorisation sont-elles remplies ? (Une autorisation n'est pas requise lorsque les marchandises importées ont un taux de droits nul, ou encore lorsqu'elles bénéficient d'une origine préférentielle ou d'une suspension tarifaire, puisqu'elles peuvent alors être déclarées sous le régime « autre perfectionnement passif »).
2. Vérifier le système interne de contrôle.
   2.1. Quels registres sont tenus à jour par l'opérateur ?
   2.2. Le registre de procédure du perfectionnement passif est-il conforme à l'autorisation délivrée et est-il mis à jour ?
   2.3. Analyse de la chaîne de transaction, à savoir : contrat, commande, réception des marchandises, entrée dans le stock, paiement de la facture, déclaration de marchandises , processus de production, marchandises traitées, factures des ventes, reçu des paiements, déclaration de marchandises , mise en libre circulation des marchandises.
   2.4. Comment l'opérateur s'assure-t-il que toutes les matières premières reçues sont déclarées à la douane ?
   2.5. Comment l'opérateur s'assure-t-il de l'exactitude des déclarations de marchandises ?
   2.6. Les produits déclarés — exportés et importés — (codes pour les marchandises) sont-ils conformes à l'autorisation accordée ? (Vérifier si les produits déclarés sont couverts par l'autorisation.)
3. Contrôles — Exportation des marchandises
   3.1. Les matières ont-elles été exportées en quantité suffisante aux fins de la procédure ?
   3.2. Les données d'exportation correspondent-elles aux données du transport des marchandises (quantités, poids) ?
   3.3. Les matières exportées ont-elles été importées au préalable à un taux de droits nul ?
4. Contrôles — Production des marchandises
   4.1. La procédure s'est-elle déroulée dans les délais prévus ?

4.2. Les marchandises sont-elles réparées gratuitement ? Des factures pour le coût des réparations sont-elles disponibles ? (Vérifier les paiements et les courriers échangés.)
4.3. Le produit remplacé est-il exporté (système d'échange standard) ?

5. Contrôles — Apurement de la procédure
5.1. Quelle méthode doit être utilisée (par exemple, méthode de la valeur ajoutée ou d'exonération des droits différentiels) ?
5.2. Des coûts supplémentaires pour le matériel ou pour la main-d'œuvre doivent-ils être ajoutés, par exemple pour les salaires des ouvriers, l'ensemble du matériel, le fret, les commissions, la valeur des moyens de production, etc. ? (Si d'autres opérateurs sont impliqués, ne pas oublier d'ajouter le matériel et les travaux fournis par ces autres opérateurs.)
5.3. La valeur du produit exporté est-elle correcte ?
5.4. La valeur du produit importé est-elle correcte ?
5.5. Le calcul des droits est-il correct (exonération des droits différentiels) ?
5.6. Vérifier s'il existe des documents spécifiques d'exportation pour les marchandises réimportées. Les marchandises exportées peuvent-elles être identifiées dans les marchandises réimportées ? Les documents d'exportation et d'importations peuvent-ils correspondre ?
5.7. Lorsque les marchandises sont exportées dans le cadre d'une déclaration préférentielle (et réimportées en tant que marchandises préférentielles ; par exemple, lorsque des vêtements sont exportés et que des chemises sont réimportées, s'assurer du respect des règles concernant l'origine, telles qu'énoncées dans la liste.

H. Transformation de marchandises destinées à la consommation

1. Existe-t-il une autorisation de transformation sous contrôle douanier ? Est-elle valide ? Toutes les conditions nécessaires à l'obtention d'une autorisation sont-elles remplies ?

2. Vérifier le système interne de contrôle de l'opérateur (par exemple, déterminer quels sont les registres tenus à jour par l'opérateur).

   2.1. Analyse de la chaîne de transformation, à savoir : contrat, commande, réception des marchandises, entrée dans le stock, paiement de la facture, déclaration de marchandises , processus de production, marchandises traitées, factures des ventes, reçu des paiements, déclaration de marchandises , mise en libre circulation des marchandises.

   2.2. Comment l'opérateur s'assure-t-il que toutes les marchandises importées sont transformées et déclarées à la douane et consignées dans le compte-rendu du traitement sous contrôle douanier ?

   2.3. Comment l'opérateur s'assure-t-il de l'exactitude des déclarations de marchandises ?

   2.4. Existe-t-il un système de contrôle de la qualité et ce système inclut-il toutes les marchandises ?

   2.5. Comment l'opérateur assure-t-il le contrôle des marchandises qui entrent dans le processus de production ?

   2.6. Comment le mouvement des marchandises est-il lié au système de facturation ?

3. Contrôles — transformation

   3.1. Demander un inventaire des marchandises.

   3.2. Effectuer une sélection des marchandises reçues par l'opérateur. Leur entrée dans la procédure a-t-elle fait l'objet d'une déclaration auprès de la douane ?

   3.3. Les marchandises importées correspondent-elles, en quantité et en qualité, à celles déclarées à la douane (analyser les données des comptes des fournisseurs et des comptes d'achat, les factures, etc.) ?

   3.4. (Analyser le processus de transformation. Vérifier si le traitement sous contrôle de la douane ne sert qu'aux marchandises et aux processus de production autorisés.)

   3.5. Le processus de transformation correspond-il à celui mentionné dans l'autorisation de la douane ?

   3.6. Est-il possible de suivre à la trace les marchandises importées dans les produits soumis au traitement ?

3.7. Les marchandises importées et traitées sont-elles les mêmes (en quantité et en qualité) que celles déclarées dans la déclaration de marchandises concernée ? (Pour s'en assurer, recourir aux renseignements techniques figurant dans les commandes de production, dans les registres des fournisseurs et/ou des acheteurs ou dans les analyses de laboratoire.)
3.8. Les marchandises introduites dans la procédure sont-elles immédiatement consignées dans le système de comptabilité ? Sont-elles consignées à part des autres marchandises qui sont également soumises au traitement mais ne font pas partie de la procédure ?
3.9. Les factures d'importation correspondent-elles aux données des comptes des fournisseurs et des comptes d'achat ? Vérifier également les mouvements d'argent correspondant au paiement des factures d'importation.
3.10. Les comptes des fournisseurs correspondent-ils aux données consignées dans le registre du traitement sous contrôle douanier ?
3.11. Les marchandises importées sont-elles soumises à des politiques commerciales spéciales liées à l'origine ou à des mesures d'interdiction ?
3.12. (Vérifier dans le compte des ventes, dans le compte des clients et dans les paiements si la valeur en douane des marchandises traitées est correctement déclarée.)
3.13. (Vérifier les fournitures, les ventes et le stock afin de s'assurer que toutes les marchandises traitées ont été mises en libre circulation.)

I. Admission (importation) temporaire

1. Existe-t-il une autorisation d'importation temporaire ? Si cette autorisation est nécessaire, est-elle valide ? Toutes les conditions nécessaires à l'obtention d'une autorisation sont-elles remplies ? La sécurité est-elle suffisante ?
2. Si les marchandises étaient accompagnées d'un carnet ATA, ce carnet était-il valide ?
3. Contrôles de procédure

3.1. Les marchandises importées à titre temporaire ont-elles été réexportées ? Sont-elles exportées sous les mêmes codes que les marchandises importées ? Les marchandises ont-elles été utilisées conformément à l'autorisation ?

3.2. La procédure s'est-elle déroulée dans les délais prévus ?

3.3. Vérifier s'il existe des documents de transport couvrant l'importation et la réexportation. La quantité et le poids importés sont-ils bien exportés ? Vérifier si le transport a bien eu lieu.

3.4. Est-il possible de vérifier l'identité des marchandises sous importation temporaire ?

3.5. Lorsque les marchandises sont transférées vers un autre opérateur, ce nouvel opérateur respecte-t-il les conditions/ exigences liées à l'importation temporaire ?

3.6. Vérifier si des droits sont dus. Dans l'affirmative, s'assurer qu'ils ont été correctement calculés.

4. Contrôles des comptes

   4.1. Les marchandises ont-elles été enregistrées dans les comptes de l'opérateur en tant qu'achat normal de marchandises ? Trouve-t-on dans les comptes d'autres transactions liées aux marchandises telles que des services, des prêts de machines, des locations, etc. ? Existe-t-il une facture pro forma ou un éventuel contrat de vente attestant que les produits sont importés à titre temporaire et seront réexportées ?

   4.2. Existe-t-il un formulaire de demande pour le destinataire des marchandises, faisant état de l'importation temporaire des marchandises et précisant l'objet de l'opération, le délai fixé, le lieu de stockage, etc. ?

J. Présentation de quelques cas spécifiques

Le contrôle a posteriori peut être actionné conformément à la législation douanière et aux législations connexes au code des douanes dans le cadre du commerce international, et pour le compte de la DGDA, cette technique peut aussi être utilisée dans le cadre de la législation des accises.

Ci-dessous, la liste, non exhaustive, de quelques cas spécifiques ?

- Importations :
  - Mise à la consommation ;
  - Réimportation en l'état ;
  - Transformation de marchandises destinées à la consommation ;
  - Admissions temporaires ;
  - Admissions en zone franche ;
  - Perfectionnements actifs ;
  - Entreposage (mise en entrepôt de stockage, mise en entrepôt spécial ou industriel, mise en consignation, magasins hors taxes / Duty free) ;
  - marchandises ayant fait l'objet d'une procédure simplifiée (contrôles différés) ;
  - Des marchandises ayant bénéficié d'un régime de faveur fondé sur leur destination ou utilisation (contrôle de destination et de mise en œuvre) ;
- Exportations :
  - Exportations directes ;
  - Sorties temporaires ;
  - Perfectionnements passifs ;
- Transits :
  - Transit international ;
  - Transit national ;
  - Transbordements ;
- Cabotages ;
- Des opérations de transport des marchandises sous douane ;
- Accises.

K. Du contrôle de la régularité, de la sincérité et de recoupement des comptes du SYSCOHADA dans les écritures comptables des entreprises

La comptabilité enregistre essentiellement les variables économiques exprimées en unités monétaires. Elle fait partie de la vie de l'entreprise. Elle a donc l'avantage de faire une cartographie du patrimoine de l'entreprise en mettant en relief ses charges et produits. Elle s'avère donc un instrument apprécié pour aider l'administration des douanes de retracer la valeur en douane en se servant des pièces comptables.[95]

Sans pour autant avoir un caractère exhaustif, la liste des comptes du SYSCOHADA ci-après feront l'objet d'examen et d'évaluation de concordance pour déceler des irrégularités ou la fraude et pour mieux appréhender la véracité et l'exhaustivité des opérations douanières et/accisiennes.

1. Comptes de bilan

a. Comptes d'actif immobilisé (Classe 2)
   - 21 : Immobilisations incorporelles ;
   - 24 : Matériel ;
   - 28 : Amortissements.
b. Comptes de stocks (Classe 3)
   - 31 : Marchandises ;
   - 32 : Matières premières et fournitures liées ;
   - 33 : Autres approvisionnements ;
   - 34 : Produits en cours ;
   - 35 : Services en cours ;
   - 36 : Produits finis ;
   - 38 : Stocks en cours de route, en consignation ou en dépôt.
c. Comptes des tiers (Classe 4)
   - 40 : Fournisseurs et comptes rattachés ;
   - 41 : Clients et comptes rattachés ;
   - 44 : Etat et collectivités publiques ;
   - 47 : Débiteurs et créditeurs divers ;
   - 48 : Créanciers et dettes hors activité ordinaire.
d. Comptes de trésorerie (Classe 5)
   - 52 : Banques ;
   - 54 : Instruments de trésorerie ;
   - 57 : Caisse.

[95] Mpoy Kadima Godé, (2014), Droit douanier en République démocratique du Congo, Kinshasa, Edition PUC, p. 245.

2. Comptes de gestion

a. Comptes des charges des activités ordinaires (Classe 6)
   - 60 : Achats et variations de stocks ;
   - 61 : Transports ;
   - 62 : Services extérieurs A ;
   - 63 : Services extérieurs B ;
   - 64 : Impôts et taxes ;
   - 65 : Autres charges.

b. Comptes des produits des activités ordinaires (Classe 7)
   - 70 : Ventes ;
   - 73 : Variations de stocks ;
   - 75 : Autres produits.

c. Comptes des autres charges et autres produits (Classe 8)
   - 83 : Charges hors activités ordinaires ;
   - 84 : Produits hors activités ordinaires ;
   - 89 : Impôts sur le résultat.

L. Les produits d'accises/ télécommunications : reconstitution du chiffre d'affaires des télécommunications (voix – prepaid & postpaid –, messagerie – SMS, MMS –, data et accès internet)

A. Schéma de la Comptabilisation

I. Comptes concernés par les droits d'accises :

1. Vente Unités prepaid :
   411/1 Clients Super Dealer ;
   4770/1 Produits différés C (Cartes à gratter) ;
   4770/2 Produits différés C (flash) ;
   4770/3 Revenu différé ;
   442 Droits d'accises ;
   443 TVA collectée ;
   42 ou 46 Livraison à soi-même ;
   7061/1 Vente unités prepaid.

2. Vente unités postpaid
   411/2 Clients ;
   442 Droits d'accises ;
   443 TVA collectée ;
   7061/2 Vente unités postpaid.

II. Ecritures :

1. Vente des unités prepaid

a) Ecriture de vente des unités

411/1 Clients Super Dealer	XX	
à 4770/1 Produits différés (Cartes à gratter) 4770/2 Produits différés (Flash) 442 Droits d'accises 443 TVA collectée		XX XX XX XX

b) Ecriture de recharge des unités

4770/1 Produits différés (Cartes à gratter)	XX	
4770/2 Produits différés (Flash)	XX	
à 4770/3 Revenu différé		XX

c) Ecriture de consommation des unités

4770/3 Revenu différé	XX	
à 7061/1 Vente unités prepaid		XX

2. Vente des unités postpaid

a) Ecriture de vente des unités

411/2 Clients	XX	
à 7061/2 Vente unités postpaid		XX
442 Droits d'accises		XX
443 TVA collectée		XX

B. Reconstitution du chiffre d'affaires en considérant qu'en OHADA, il n'y a pas d'écritures inverses pour les annulations

I. Approche de l'écriture de vente

1. Vente unités prepaid

a) Ecriture de vente des unités - (1ére écriture)

411/1 Clients Super Dealer (Mvt D)	XX	
à 4770/1 Produits différés (Cartes à gratter) /reconstitués 4770/2 Produits différés (Flash) /reconstitués 442 Droits d'accises Prepaid (Mvt C 442 – Droits d'accises s/vente Postpaid) = [Mvt C 442 - (vente Postpaid x 10%)] 443 TVA collectée (16% X *Droit d'accise postpaid*/0.1)		?? ?? XX XX

b) Ecriture de recharge des unités - (2éme écriture)

4770/1 Produits différés (Cartes à gratter) 4770/2 Produits différés (Flash)	XX XX	
à 4770/3 Revenu différé		XX

c) Ecriture de consommation des unités - (3éme écriture)

4770/3 Revenu différé	XX	
à 7061/1 Vente unités Prepaid		XX

2. Vente des unités postpaid

a) Ecriture de vente des unités

411/2 Clients (Mvt D)	XX	
à 7061/2 Vente unités Postpaid /reconstituée ((*MvtD* 411/2)/0.26))		??
442 Droits d'accises (10% de 7061/2 Vente unités Postpaid /reconstituée)		XX
443 TVA facturée (16% de7061/2 Vente unités Postpaid/ reconstituée)		XX

3. Conclusion

Vente unités Prepaid (Cartes à gratter) (Mvt C 4770/1, 1ère écriture)		AA
Vente unités Prepaid (Flash) (Mvt C 4770/2, 1ère écriture)	+	BB
Vente unités Postpaid (Mvt C 7061/2, écriture Postpaid)	+	CC
LASM (Livraison à soi-même)	+	KK
RRR accordés sur factures	+	DD
Vente unités /reconstituée	=	EE =AA+BB+CC+KK+DD
Vente unités exonérées	-	FF
Vente unités imposables	=	GG = EE- FF
Droits d'accises dus 10%		HH = GG*10%
Droits d'accises déclarés		II
Droits d'accises éludés		**JJ = HH - II**

II. Approche des comptes 7061/1 & 7061/2

Vente unités Prepaid (Mvt C 7061/1)		AA
Vente unités Postpaid (Mvt C 7061/2)	+	CC
LASM (Livraison à soi-même)	+	KK
RRR accordés sur factures	+	DD
Vente unités /reconstituée	=	EE =AA+CC+KK+DD
Vente unités exonérées	-	FF
Vente unités imposables	=	GG = EE- FF
Droits d'accises dus 10%		HH = GG*10%
Droits d'accises déclarés		II
Droits d'accises éludés		**JJ = HH - II**

III. Approche de comparaison des droits d'accises à payer fin (n) dans la comptabilité avec ceux déclarés et payes au début de l'année (n+1) d'après le relevé de recouvrement DGDA

Dette antérieure sur Droits d'accises fin n (SFC 442- SIC 442)		MM
Dette antérieure sur Droits d'accises payée à l'année n	-	NN
Droits d'accises à recouvrer ou dus	=	HH = MM-NN
Cfr Droits d'accises réellement déclarés et payés à la DGDA)		
Droits d'accises déclarés		II
Droits d'accises éludés		**JJ = HH - II**

IV. Approche de l'equation du compte 4770

1. Vente unités prepaid

Compte 4770

DEBIT	CREDIT
SFC 4770/1 & 4770/2	SIC 4770/1 & 47702
Recharge unités (Mvt D 4770/1 & 4770/2)	Vente unités /reconstituée : ??
Total	Total

Vente unités /reconstituée =
((Recharge unités (Mvt D 4770/1 & 4770/2) + (SFC 4770/1 & 4770/2)) – (SIC 4770/1 & 47702)

SFC 4770/1 Produits différés (Cartes à gratter)		AA
SFC 4770/2 Produits différés (Flash)	+	BB
Mvt D 4770/1 Recharge cartes à gratter	+	CC
Mvt D 4770/1 Recharge flash	+	DD
Total	=	EE = AA + BB + CC + DD

SIC 4770/1 Produits différés (Cartes à gratter)		FF
SIC 4770/2 Produits différés (Flash)	+	GG
Total	=	HH = (AA + BB)

Vente unités /reconstituée Prepaid : HH = EE - FF

2. Vente unités postpaid

Vente unités Postpaid (Mvt C 7061/2)		CC

3. Conclusion

Vente unités /reconstituée Prepaid		HH
Vente unités Postpaid (Mvt C 7061/2)		CC
RRR accordés sur factures	+	DD
LASM (Livraison à soi-même)		KK
Vente unités /reconstituée (Vente unités /reconstituée Prepaid +Vente unités /reconstituée Postpaid - RRR accordés sur factures)	=	EE =HH+CC+DD+KK
Vente unités exonérées (à justifier légalement)	-	FF
Vente unités imposables	=	GG = EE- FF
Droits d'accises dus 10%		WW = GG*10%
Droits d'accises déclarés		II
Droits d'accises éludés		**JJ = WW - II**

3. Liste des vérifications suggérées pour le rapport final

A. Dates de la/des visite(s) ;
B. Nom de la/des personne(s) interviewée(s) et son/leur(s) grade(s) au sein de l'entreprise;
C. Informations concernant l'entreprise :
   1. Forme juridique (société anonyme, partenariat, propriété unique, etc.) ;
   2. Capital ;
   3. Liste de personnes concernées ;
   4. Liste des acheteurs importants des marchandises analogues ;
D. Confirmation attestant que la signature figurant sur la déclaration de valeur a été apposée par un cadre ou un agent de l'entreprise, que le signataire était en possession des informations nécessaires, et qu'il était habilité à signer les documents ;

E. Principaux types de marchandises importées/exportées ou produites (articles de marque, matières premières, etc.)
F. Pays exportateurs/importateurs des marchandises ;
G. Utilisation des marchandises importées, par exemple : usage propre, stockage, transformation, revente en l'état ;
H. Fonction de l'importateur, par exemple, fabrication, distribution, achat ou vente, agent de distribution ou de stockage, courtier;
I. Nature de la transaction, à savoir : achat, leasing, location ou expédition de marchandises gratuites, etc. ;
J. Informations détaillées concernant les procédures mises en œuvre pour contrôler les registres ou documents, qu'ils soient ou non enregistrés sur un support informatique ;
K. Informations sur les conditions de paiement, à savoir la procédure adoptée par l'importateur pour payer les marchandises ou l'exportateur pour se faire payer ;
L. Informations sur les irrégularités ;
M. Données détaillées concernant des paiements sous-évalués ou excessifs détectés lors du contrôle
N. Mesures spécifiques imposées à l'entreprise par l'administration douanière ;
O. Désaccord concernant les conclusions et les résultats du contrôle ; et
P. Droit de recours de l'entreprise contrôlée.

Liste des matériaux d'illustrations

Liste des encadrés

7. Norme ISA 401 : audit réalisé dans un environnement informatique ; 620 : utilisation des travaux d'un expert désigné par l'auditeur ;
8. Norme ISA 550 : Parties liées ; 720 révisée : responsabilités de l'auditeur concernant les autres informations ;
9. Norme ISA 450 : évaluation des anomalies détectées au cours de l'audit ;
10. Norme ISA 265 : communication des déficiences du contrôle interne aux responsables de la gouvernance et à la direction ; 500 : éléments probants ; 501 : éléments probants — Considérations particulières concernant certains points ;
11. Norme ISA 700révisée : opinion et rapport sur des états financiers ; 701 : communication des questions clés de l'audit dans le rapport de l'auditeur indépendant.

Bibliographie

1. Ouvrages et articles

1. Adams, M.B., (1994), « Agency Theory and the Internal Audit », Managerial Auditing Journal, vol. 9, n° 8.
2. Afoto Elenga-di-Okanga jean, (2010), Lutte contre la fraude douanière en RD Congo, Kinshasa, Edition : L'Harmattan RDC.
3. Akerlof George A., (1970), The Market for Lemons: Qualitative Uncertainty and the Market Mechanism, in Quarterly, Journal of Economics.
4. Alter, M., (1984), Droits des transports terrestres, aériens et maritimes internes et internationaux, Paris, Edition : Collection « Mémentos », Dalloz.
5. Anson, J., Cadot, O. et Olarreaga, M., (2006), "Tariff Evasion and Customs Corruption: Does Pre-Shipment Inspection Help?", Contributions to Economic Analysis and Policy, vol. V, n° 1.
6. Azimi Vida, (1987), Un modèle administratif de l'Ancien Régime : les commis de la Ferme générale et de la régie générale des aides, Paris, Édition : CNRS.
7. Bauchet P., (1993), Le transport international dans l'économie mondiale, Edition : Economica.
8. Baudez, L., (1999), Architecture du commerce et de la finance", Lyon, Edition : Les Amis de Lyons.
9. Bellego A., (1980), La facilitation dans le contexte portuaire, In Manuel de gestion portuaire, Secrétariat de la CNUCED.
10. Berr Claude J. et Tremeau Henri, (2004), Le droit douanier communautaire et national, Paris, Edition : Collection « Droits des affaires et de l'entreprise », série études et recherches, 6ème édition, Economica.
11. Bertin (Élisabeth) & Compagnie (2007), Audit interne : enjeux et pratiques à l'international, Paris, Edition : Groupe Eyrolles
12. Berr Claude J. et Tremeau Henri, (1997), Introduction au droit douanier, Paris, Edition : Collection « Connaissance du droit », Dalloz.

13. Besson, B., et Possin, J.-C., (2002), L'audit de l'intelligence stratégique, Paris, Edition : Dunod, 2e éd.
14. Bontinck François, (1981), La genèse de la Convention entre le Saint Siège et l'EIC, Bruxelles, Église catholique.
15. Bouillet Marie-Nicolas et Chassang Alexis, (1878), Ferme générale dans Dictionnaire universel d'histoire et de géographie, Paris, Edition : Hachette.
16. Bouquin Henri, (1986), Le contrôle de gestion, Paris, Edition : PUF.
17. Borchgrave Baron Émile, (1919), Les origines de l'État Indépendant du Congo, Bruxelles, Bull. de la Classe des Lettres et Sciences morales de l'Académie royale de Belgique.
18. Buabua wa Kayembe Mathias, (1999), Question de la fraude dans les entrepôts douaniers au Congo, Kinshasa, Revue de la Faculté de Droit de l'UPC, n°01.
19. Clinquart Jean, (1996), Les services extérieurs de la ferme générale à la fin de l'Ancien Régime. L'exemple de la direction des fermes du Hainaut, Paris, Edition : Comité pour l'histoire économique et financière de la France.
20. Colin Jacques, Tixier Daniel et Mathe Hervé, (1998), La logistique d'entreprise, vers un management plus compétitif, Paris, Édition : Dunod.
21. Conin Didier, (2008), Douanes Françaises, Le commerce international et les pratiques frauduleuses : les techniques d'évaluation des risques, Conférence à Kinshasa, Octobre.
22. Coyne Kévin, Mckinsey & Company, (1989), Inc., Beyond Service Fads- Meaningful Strategies for Real World, in Sloan Management Review Summer.
23. Daunt M., (2000), L'encombrement des ports : causes, conséquences et remèdes, In manuel de gestion portuaire, CNUCED.
24. Dequiedt Vianney, Geourjon Anne-Marie et Rota-Graziosi Grégoire, (2009), "On the Design of Pre-shipment Inspection Programs", Études et Documents du CERDI, n° 10.
25. Dequiedt Vianney, Geourjon Anne-Marie et Rota-Graziosi Grégoire, (2009), Les programmes de vérification des importations (PVI) à la lumière de la théorie de l'agence, Paris, Edition : De Boeck Supérieur.

26. Doriath Brigitte, (2008), Contrôle de gestion, Paris, Edition : DUNOD, 5e Edition.
27. Durand Yves, (1996), Les fermiers généraux au XVIIIe siècle, Paris, Edition : Maisonneuve et Larose.
28. Ergo André-Bernard, (2007), L'Héritage de la Congolie. Naissance d'une nation en Afrique centrale, Paris, Edition : L'Harmattan.
29. Fedida Jean-Marc, (2001), Le contentieux douanier, Paris, Edition : PUF : Collection « Que sais-je ? ».
30. Fourastie Jean, (1952), La productivité, Paris, Edition : PUF : Collection Que sais-je ? n° 557.
31. Giraud Françoise & Compagnie, (2004), Contrôle de Gestion et Pilotage de la Performance, 2eme Edition, Paris, Edition : Gualino.
32. Hochschild Adam, (1998), Les fantômes du roi Léopold, un holocauste oublié, Bruxelles, Edition : Belfond.
33. Johnson David T. (2001), Bureaucratic corruption in Japan, in JPRI Working Paper n° 76, Washington D.C, World Bank, April.
34. Kebela Kebela Patrick, (2014), Consultant à la Banque Mondiale en facilitation du commerce et du transport, Rapport préparé pour le compte de la cellule exécution du projet de transport multimodal (CCEPTM), Kinshasa, mars.
35. Keen M., (2003), Moderniser la douane, défis et stratégies de réforme de l'administration douanière, Washington D.C., FMI.
36. Kisangani Endanda S., (2016), l'élaboration du mémoire-projet, Kinshasa, Edition : Prospectives Africaines.
37. Laffont J.-J. et Martimort D., (2001), The Theory of Incentives: The Principal-Agent Model, Edition: Princeton University Press.
38. Leclercq, H., (1969), Evolution des finances publiques Zaïroises, Kinshasa, Edition : IRES : Cahiers Economiques et Sociaux n°2, Septembre.
39. Ledeneva Alena V. and Kurkchiyan Marina, (2000), Economic Crime in Russia, Edition: Kluwer law international.
40. Libom li Likeng, M., Cantens, T. et Bilangna S., (2009), « Se regarder dans le miroir. Le contrôle de l'exécution du service dans les douanes camerounaises », Discussion paper, n° 8, Washington D.C., Banque Mondiale, janvier.

41. Lorino Philippe, (1991), Le contrôle de gestion stratégique - La gestion par les activités, Paris, Edition : Dunod.
42. Low, P. (1995), "Pre-shipment Inspection Services", Discussion Paper n° 278, Washington D.C., World Bank.
43. Macho-stadler Inés, Perez-Castrillo J. David et Watt Richard, (2001), An introduction of the Economics Information: Incentives and Contracts, Oxford, Edition: Oxford University Press.
44. Mackellar F. Landis and Mcgreevey William P., (2002), The Growth and Containment of Social Security Systems, in Development policy review, Volume 17, Issue 1, Washington D.C., World Bank, March.
45. Mandjumba Mwanyimi-Mbomba, (1988), Chronique générale de l'histoire du Zaïre (des origines à 1988), Kinshasa, Edition : CRP.
46. Mpoy Kadima Godé, (2012), La rationalisation du système fiscal et douanier comme mécanisme relanceur de l'économie, Kinshasa, Edition : Universitaires Africaines.
47. Mpoy Kadima Godé, (2014), Droit douanier en république démocratique du Congo, Kinshasa, Edition PUC.
48. Parisis Albert, (1976), La science des finances publiques, Liège, Edition : Fernand Gothier.
49. Renard Jacques, (2010), Théorie et pratique de l'audit interne 7e édition, Paris, Edition: Groupe Eyrolles.
50. Reichheld Frederick, (1996), Loyalty effect: the Hidden Force Behind Growth, Profits and Lasting Value (effet de fidélisation : la force cachée derrière la croissance, les bénéfices et la valeur durable), Boston, Edition : Harvard Business School Press.
51. Reichheld Frederick, (1999), L'Effet Loyauté, Paris, édition : Dunod.
52. Sainte Bible, (1910), Edition : Louis Second.
53. Semete O'nkol Marguerite Francine, (2006), La fraude fiscale en RDC, Mémoire, Kinshasa, Université de Kinshasa - Licenciée en droit.
54. Tenday Lupumba Alain, (2014), Les procédures de dédouanement en RDC : L'expérience du « guichet unique » au poste de Matadi, Paris, Edition : L'Harmattan.

55. Thambwe Mwamba Alexis, (1996), Droit douanier Zaïrois, Kinshasa, Edition : PUZ.
56. Thiele Henrik et Eskrland Gunnar S., (1999), Corruption Under Moral Hazard, World Bank Policy Research Working Paper n°2204, October.
57. Stoven Bernard, (2008), L'avenir du commerce transfrontalier, Corridors de transit en Afrique de l'Ouest : les défis à surmonter, Conférence internationale sur les Guichets Uniques, Dakar.
58. Vanthmesche Guy, (2007), La Belgique et le Congo. Empreintes d'une colonie (1885-1980), Bruxelles, Edition : Complexe.
59. Velut D., (1980), Le rôle des ports dans le développement économique, In manuel de gestion portuaire, CNUCED.
60. Whiteley Richard and HESSAN Diane, (1997), Customer-centered Growth : Five Proven Strategies For Building Competitive Advantage (Cinq stratégies éprouvées pour la construction de l'avantage concurrentiel), Cambridge, Edition : The Forum Corporation, March.
61. Yang, D., (2009), "Integrity for Hire: An Analysis of a Widespread Program for Combating Customs Corruption", Journal of Law, Economics and Organization, Forthcoming.
62. Widdowson David et Doyle Tom, (2010), Border Management Modernization (Modernisation de la gestion des frontières), Washington D.C., Banque mondiale.
63. Widdowson David and Holloway Stephen, (2010), Core border management disciplines : Riskbased compliance management (Disciplines de base en matière de gestion des frontières : gestion du respect de la loi basée sur les risques), Washington D.C., Banque mondiale.
64. Zain, M.M., Subramaniam, N., Stewart, J., (2006), « Internal Auditors' Assessment of their Contribution to Financial Statement Audit : the Relation with Audit Committee and Internal Audit Function Characteristics », International Journal of Auditing.
65. Zala Lihau N'kanza Sophie, (1985), Les origines du sous-développement politique au Congo-Belge « De Padroado à la loi fondamentale » (1482-1960), Kinshasa, Edition : PUZ.

2. Documents et Législations

1. CNUCED, (2011), Note technique n° 5, Fonds d'affectation spéciale pour les négociations sur la facilitation du commerce, janvier.
2. CNUCED, (2013), Note technique n° 12, Gestion du risque pour le contrôle douanier, Février.
3. IFAC, (2007), Guide pour l'utilisation des Normes Internationales d'Audit dans l'Audit des Petites et Moyennes Entreprises, Tunis, Traduction en français du "Guide to Using International Standards on Auditing in the Audits of Small- and Medium sized Entities", en décembre.
4. DGDA, (2011), Décision n°dg/dgda/dg/2011/296 du 11 aout 2011 portant mésures d'application de l'Ordonnance-loi n°10/002 du 20 aout 2010 portant code des douanes.
5. DGDA, (2002), Programme de Réforme et de Modernisation Douanière de l'OFIDA, 2002.
6. DGDA, (2012), Programme de Réforme et Modernisation des douanes congolaises, 2012 – 2014.
7. Ministre des Finances, (2011), Arrêté ministériel n°016 cab/min/finances/2011 du 11 avril 2011 portant mesures d'application de l'Ordonnance-loi n°10/002 du 20 aout 2010 portant code des douanes.
8. Ministre des Finances, (2011), Cadre organique de la DGDA, septembre 2011 : Arrêté ministériel n°50cab/min/finances/2011 du 11 septembre 2011 fixant les délimitations des emplois des subdivisions douanières et des fonctions au sein du cadre organique de la Direction Générale des Douanes et Accises.
9. OMC, (1994), Accord sur l'évaluation auparavant connu sous le nom d'accord sur la mise en œuvre de l'article vii de l'accord général sur les tarifs douaniers et le commerce.
10. OMC, (1995), Décision 6.1 du Comité sur l'évaluation en douane, mai.
11. OMC, (2015), Statistiques du commerce international, Profils tarifaires dans le monde.
12. OMD, (1993), Déclaration d'Arusha, Juillet.
13. OMD, (1999), Convention de Kyoto révisée, juin.
14. OMD, (2005), Cadre des normes SAFE, juin.

15. OMD, (2002), Recueil sur la gestion des risques en matière douanière.
16. OMD, (2012), Directives aux fins du contrôle a posteriori, juin.
17. Premier Ministre de la RDC, (2011), Décret n° 011/46 du 24 janvier 2011 portant mesures d'application de l'ordonnance-loi n° 10/002 du 20 aout 2010 portant code des douanes.
18. Président de la République de la RDC, (2010), Ordonnance-loi n°10/002 du 20 aout 2010 portant code des douanes.
19. Président de la République de la RDC, (2018), Ordonnance-loi n°18/2018 du 13 mars 2018 portant code des Accises.
20. PRICE WATERHOUSE COOPERS, (2009), Guide méthodologique de l'audit externe des SFD dans les pays de la zone UEMOA.

3. Notes de cours et séminaire

1. Makiese Victor et Manzanza Patrick, (2016), Informatique appliquée à l'audit et à la comptabilité, ISC Kinshasa, Master en Comptabilité OHADA et Audit 2015-2016, Kinshasa.
2. Professeur Idrissi Serghini Abdellah, (2009-2010), Contrôle externe, Master en gestion des entreprises, Haute Ecole Francisco Ferrer.
3. Professeur Kisangani Endanda S., (2015), Méthodologie de recherche, ISC Kinshasa, Master en Comptabilité OHADA et Audit 2015-2016, Kinshasa.
4. Professeur Makunza Keke Edgard, (2015), évaluation des entreprises, ISC Kinshasa, Master en Comptabilité OHADA et Audit 2015-2016, Kinshasa.
5. Professeur Ngoma ya Nzuzi Daniel, (2015), Contrôle de gestion, ISC Kinshasa, Master en Comptabilité OHADA et Audit 2015-2016.
6. SERE Souleymane, (2018), Mise en œuvre de l'audit et du contrôle internes, séminaire de formation professionnelle des acteurs impliqués, Kinshasa.

4. Webographie

1. Association francophone de comptabilité (AFC) : www.afc-cca.com.
2. Conférence des Nations unies sur le commerce et le développement (CNUCED) : www.trade.logistics@unctad.org.
3. Conférence des Nations unies sur le commerce et le développement (CNUCED) : www.unctad.org/technicalnotes.
4. Direction Générale des Douanes et Accises (DGDA) : www.douanes.gouv.cd: RAMAZANI Fidel, (2016), Sous-directeur des douanes, Gestion des risques et Contrôle a posteriori : des instruments modernes pour lutter contre la fraude douanière, janvier.
5. Organisation mondiale du commerce (OMC) : www.wto.org.
6. Organisation Mondiale des Douanes (OMD) : www.wcoomd.org/fr.
7. The Global Facilitation Partnership for Transportation and Trade (GFP): www.gfptt.org.

Table des matières

RÉPUBLIQUE DÉMOCRATIQUE DU CONGO
AUX ÉDITIONS L'HARMATTAN

Dernières parutions

LA PRESSE CONGOLAISE DE FRANCE 1995-1997

Jerry Mpereng

Cet ouvrage est une étude monographique de la presse congolaise parue en France entre 1995 et 1997 dans la diaspora. Cette production journalistique est particulièrement riche en informations sur cette communauté en exil, mais elle révèle aussi un fonctionnement spécifique, du fait qu'elle évolue en dehors des circuits de fabrication et de distribution de la presse française. L'intérêt de ce livre réside donc dans l'analyse méthodique d'une source d'information.

(Coll. Études africaines, 108 p., 13 euros)

ISBN : 978-2-343-15285-1, EAN EBOOK : 9782140114557

LA DÉCENTRALISATION EN AFRIQUE AU DÉBUT DU XXIE SIÈCLE
Réflexions à partir de l'expérience congolaise récente.

Jules Maps Bagalwa Mapatano

Plus de dix ans après la relance de la décentralisation en République Démocratique du Congo le besoin d'en faire l'état des lieux s'impose. Cet ouvrage interroge ainsi la décentralisation congolaise à la lumière de ces expériences africaines plus anciennes pour en tirer des leçons pour l'action et la recherche. Il s'adresse à un large public intéressé par les problèmes politiques et administratifs des pays en développement et notamment en Afrique.

(Coll. Études africaines, 280 p., 28 euros)

ISBN : 978-2-343-15578-4, EAN EBOOK : 9782140111679

LE KASAÏ, SON HISTOIRE, SES PEUPLES ET SON DÉVELOPPEMENT
Mémoires

Germain Mania Katompua

Germain Mania Katompua nous livre ici ses Mémoires. Il tente de rendre compte de l'histoire d'un peuple auquel il appartient, d'une communauté unie par les liens historiques et linguistiques et qui occupe un espace géographique dénommé dans l'imagerie populaire « le grand Kasaï », et cela malgré son morcellement actuel. Au regard du recul du développement caractérisé par une paupérisation croissante des peuples de cet espace, l'auteur présente les atouts et les opportunités qui s'offrent pour construire une économie régionale solide, devant faire de l'espace kasaïen un véritable îlot de progrès pour ces populations.

(Coll. Géopolitique mondiale, 674 p., 49 euros)

ISBN : 978-2-343-15413-8, EAN EBOOK : 9782140109768

L'ÉCONOMIE DE LA RÉPUBLIQUE DÉMOCRATIQUE DU CONGO
Croissance ou recul ?

Fabien Maombi Mushi

Depuis l'indépendance, l'économie de la République démocratique du Congo connaît une régression croissante. Son immensité et l'abondance de ses richesses naturelles ne donnent pas une image fidèle quand on analyse la misère de sa population. Cet ouvrage constitue un appel au rassemblement pour discuter de l'avenir du Congo, afin de lui trouver une place stable dans l'économie mondiale pour mieux organiser, prévoir les actions à mener dans les prochaines années qui permettraient d'améliorer le quotidien des Congolais d'ici 2040.

Les Impliqués (242 p., 25,5 euros)

ISBN : 978-2-343-13771-1, EAN EBOOK : 9782140110375

AU PAYS DU LIBANGA
Roman
Gansa Ndombasi
Préface de Mbadinga Fabrice - Postface de Munkonda Mbuluku Mikiele
Le mot libanga, en lingala, signifie le caillou (ici, la pierre précieuse, le diamant) et, symboliquement, le travail, la débrouillardise. Nous suivons ici l'histoire de diamantaires, qui vire au désastre, du temps du régime finissant de Mobutu. À la faveur de la libéralisation de l'exploitation minière en 1990, tous se précipitent vers cet Eldorado en espérant y faire facilement fortune.
(Coll. Écrire l'Afrique, 88 p., 12 euros)
ISBN : 978-2-343-16007-8, EAN EBOOK : 9782140110023

LA RÉCONCILIATION APRÈS UN CONFLIT VIOLENT
La situation des Hema et des Lendu dans l'Ituri en RDC
Augustin Wiliwoli Sibiloni
Préface de Hervé Pourtois
Comment penser le traitement du conflit entre les Hema et les Lendu dans l'Ituri en RDC ? Conflit qui aurait déjà occasionné plus de 60 000 morts et au moins 50 000 déplacés, sans compter les blessés, et qui continue de causer des désolations jusqu'à ce jour. L'intervention armée ne saurait suffire à garantir la paix entre les protagonistes. Il convient de percevoir l'importance du dialogue reconstructif, du don cérémoniel mutuel et de l'acte contractuel dans un tel processus.
(Coll. L'Afrique des Grands Lacs, 210 p., 21,5 euros)
ISBN : 978-2-343-15404-6, EAN EBOOK : 9782140107948

LA CLÉ DE L'ÉMERGENCE DE L'ÉCONOMIE CONGOLAISE
Analyse critique et nouvelles orientations de politique économique
Emile Ngoy Kasongo
Préface d'Alain Pichot
La clé de l'émergence de l'économie congolaise reste insaisissable. En 58 ans d'indépendance, le pays n'a connu que deux périodes éphémères de réelle croissance économique. Plusieurs éléments retenus comme critères de développement caractérisent les pays émergents. La République Démocratique du Congo répond-elle ou peut-elle répondre à ces critères ? Quel est le rang ou la place actuelle de la RDC comparée aux émergents ? Sur quel horizon temporel et à quel rythme de croissance l'économie congolaise pourrait-elle atteindre la colline du développement ? Quels sont les éléments constitutifs de la clé de son émergence ?
(Coll. Notes de cours, 224 p., 22,5 euros)
ISBN : 978-2-343-16445-8, EAN EBOOK : 9782140109003

VIVEMENT LES ÉLECTIONS EN RDCONGO ?
Peuple, Libération et Démocratie
Henri Mova Sakanyi
Homme de l'action et de la réflexion politique, Henri Mova Sakanyi propose dans ces pages une analyse globale et systémique de l'enjeu électoral en RD Congo. S'adossant sur l'histoire tragique du pays, ce livre constitue une tentative d'explication des phénomènes politiques en cours. Au moment où le plus grand pays de l'Afrique centrale se prépare à organiser des élections qui vont consacrer pour la première fois l'alternance démocratique (le président sortant passant le flambeau à son successeur), ce livre arrive à point nommé.
(Coll. Comptes Rendus, 376 p., 38 euros)
ISBN : 978-2-343-16435-9, EAN EBOOK : 9782140108976

CONGO
Le passé présent
Récits
Antoine Nguidjol
À travers une suite de récits, le lecteur découvre un Congo, où il est difficile d'évoquer le présent sans

être ramené au passé ; comme il est difficile de parler du passé sans y voir le boulet qui plombe le présent. Une « morale » affleure au fil de la lecture, invitant à convertir notre regard sur l'Afrique, à voir plus loin que « ce stéréotype de la nature africaine qui égayait jadis les jeunes coloniaux sur le départ vers le Congo et qui cache bien des réalités.

(Coll. Encres Noires, 146 p., 15,5 euros)

ISBN : 978-2-343-15730-6, EAN EBOOK : 9782140108907

INSPIRATION

Poèmes insufflés

Patrick Kitenge Otul

Préface de Gustave Beya Siku

Inspiration n'est pas un recueil, il est une source, un élan, une quête perpétuelle du sens même de ce que la réalité offre comme vérité. Inspiration symbolise justement ce genre de voyage. On y retrouve l'exaltation que contient la démonstration du contenu de nos relations les plus simples, comme l'amitié, la parenté, l'amour, la mort et pourquoi pas... la haine.

(Coll. Harmattan RDC, 64 p., 10 euros)

ISBN : 978-2-343-16304-8, EAN EBOOK : 9782140109294

LES PETITES ET MOYENNES ENTREPRISES CONGOLAISES FACE AUX ACTEURS CLASSIQUES DU FINANCEMENT

Analyses et solutions des difficultés d'accès au financement

Joseph Tony Djunga

Les petites et moyennes entreprises représentent la majeure partie du secteur privé et occupent une place importante dans l'économie en République démocratique du Congo. Malgré cette position stratégique dans l'économie nationale, ces entreprises font face à de nombreuses difficultés dont la principale est celle liée à l'accès au financement. Il est alors important d'envisager des mesures qui tendent à redonner confiance aux banques et aux entreprises pour une franche collaboration et un développement harmonieux des affaires.

Les Impliqués (122 p., 14 euros)

ISBN : 978-2-343-16235-5, EAN EBOOK : 9782140107078

GROS TEMPS DANS LA MONGALA

Récit d'un séjour en République démocratique du Congo

Yannick Dupagne

Les routes impossibles, la pauvreté souriante, la débrouille légendaire, l'amitié sincère, la soif d'apprendre... Nous voici plongés au coeur du grand Équateur de la République démocratique du Congo ? Et ce n'est pas là du roman, mais bien le vécu exaltant d'un « Blanc » parti seul à la rencontre d'un peuple extraordinaire pour rejoindre un ami, rallier sur le terrain une ONG et deux instituts d'enseignement supérieur et universitaire.

(Coll. Écrire l'Afrique, 248 p., 25 euros)

ISBN : 978-2-343-16358-1, EAN EBOOK : 9782140108013

LE PROCÈS DE SIMON KIMBANGU

Prophète et martyr africain

Rudy Mbemba Dia Benazo-Mbanzulu

De la lecture du jugement rendu par le Conseil de guerre belge le 3 octobre 1921, à l'encontre du prophète Simon Kimbangu et ses compagnons, résulte incontestablement le constat que le procès qui leur est fait est injuste, inique et partial. L'auteur fait une critique de ce jugement rendu par l'autorité coloniale belge sur le sol congolais, en plaidant la cause de Simon Kimbangu et en montrant au final qu'il est non seulement un martyr mais également une sorte de juge divin restaurateur de la conscience spirituelle, identitaire des Congolais et un libérateur du continent africain.

Les Impliqués (150 p., 16,5 euros)

ISBN : 978-2-343-15986-7, EAN EBOOK : 9782140107016

DÉVELOPPEMENT ÉCONOMIQUE ET SÉCURITÉ EN RÉPUBLIQUE DÉMOCRATIQUE DU CONGO

Sous la direction de Jean-Claude Maswana

Cet ouvrage insiste sur le lien d'interdépendance entre le champ économique et les questions de sécurité et de violence. En République démocratique du Congo, les violences et l'activité économique sont devenues mutuellement vitales. L'enracinement de l'économie de guerre a débouché sur un système d'institutions et incitations qui favorisent des modes de gestion aux antipodes du développement économique. Les performances économiques affichées servent parfois à brouiller la réalité (pauvreté, inégalité, extorsion et corruption généralisée). L'ambition de cet ouvrage est de réfléchir à des alternatives crédibles permettant à l'homme congolais de retrouver sa place au centre d'une économie prospère et d'un développement durable.

(Coll. Études africaines, 340 p., 35 euros)

ISBN : 978-2-343-15628-6, EAN EBOOK : 9782140106613

LE BASCULEMENT GÉOPOLITIQUE DE L'AFRIQUE DES GRANDS LACS

Décennie 1990

Alain Flavien N'Kisi

Préface de Tanguy de Wilde d'Estamel

Les événements de la décennie 1990 au Burundi, au Rwanda et en République Démocratique du Congo ont entraîné le bouleversement de la géopolitique au sein de l'Afrique des Grands Lacs. La déstabilisation actuelle de l'Est de la RDC a pour origine le génocide rwandais de 1994. À travers cet ouvrage, l'auteur analyse les axes principaux du bouleversement de l'Afrique des Grands Lacs.

(Coll. Afrique des Grands Lacs, 166 p., 18 euros)

ISBN : 978-2-343-16040-5, EAN EBOOK : 9782140106316

FLUX MIGRATOIRES ET ÉMERGENCE DU FONDAMENTALISME EN AFRIQUE CENTRALE

Jean-Bosco Germain Esambu Matenda

Préface de Lokengo Antshuka Ngonga

Depuis que la crise de l'endettement de l'Afrique a commencé et s'est aggravée, les Africains ont choisi le chemin périlleux de l'émigration afin de se trouver des horizons prometteurs. La naissance des nouvelles dictatures, l'augmentation de la pauvreté, la stagnation de l'indice de développement humain des États d'Afrique centrale, l'absence de politique de gestion des peuples en errance, le développement de mouvements religieux sont des maux endémiques dont souffre l'Afrique centrale. Faute d'encadrement, le fondamentalisme s'installe et progresse exponentiellement ; le terrorisme se développe davantage dans la région.

(Coll. Points de vue, 128 p., 14 euros)

ISBN : 978-2-343-15660-6, EAN EBOOK : 9782140105869

LUÉJI YA KONDÉ

La fille de Kondé

Henri Drum

Présentation de Thérèse De Raedt, avec la collaboration de Roger Little

L'agent territorial Henri Drum (alias Gustave Van Herreweghe, 1898-19??) résidait au Katanga dans la région où habitaient les peuples lunda, tshokwe et lwena quand il a mis, par écrit, au début des années 1930, ce mythe de création de l'empire lunda. Dans sa reconstruction du mythe de création de l'empire lunda, Drum relate l'histoire d'amour entre Luéji et le chasseur luba Chibinda Ilunga. Ce faisant, il ne peut empêcher que sa perspective de colonisateur nuance celle du conteur du mythe d'origine d'un peuple.

(Coll. Autrement Mêmes, 168 p., 18 euros)

ISBN : 978-2-343-16134-1, EAN EBOOK : 9782140105340

Structures éditoriales du groupe L'Harmattan

L'Harmattan Italie
Via degli Artisti, 15
10124 Torino
harmattan.italia@gmail.com

L'Harmattan Hongrie
Kossuth l. u. 14-16.
1053 Budapest
harmattan@harmattan.hu

L'Harmattan Sénégal
10 VDN en face Mermoz
BP 45034 Dakar-Fann
senharmattan@gmail.com

L'Harmattan Cameroun
TSINGA/FECAFOOT
BP 11486 Yaoundé
inkoukam@gmail.com

L'Harmattan Burkina Faso
Achille Somé – tengnule@hotmail.fr

L'Harmattan Guinée
Almamya, rue KA 028 OKB Agency
BP 3470 Conakry
harmattanguinee@yahoo.fr

L'Harmattan RDC
185, avenue Nyangwe
Commune de Lingwala – Kinshasa
matangilamusadila@yahoo.fr

L'Harmattan Congo
67, boulevard Denis-Sassou-N'Guesso
BP 2874 Brazzaville
harmattan.congo@yahoo.fr

L'Harmattan Mali
Sirakoro-Meguetana V31
Bamako
syllaka@yahoo.fr

L'Harmattan Togo
Djidjole – Lomé
Maison Amela
face EPP BATOME
ddamela@aol.com

L'Harmattan Côte d'Ivoire
Résidence Karl – Cité des Arts
Abidjan-Cocody
03 BP 1588 Abidjan
espace_harmattan.ci@hotmail.fr

L'Harmattan Algérie
22, rue Moulay-Mohamed
31000 Oran
info2@harmattan-algerie.com

L'Harmattan Maroc
5, rue Ferrane-Kouicha, Talaâ-Elkbira
Chrableyine, Fès-Médine
30000 Fès
harmattan.maroc@gmail.com

Nos librairies en France

Librairie internationale
16, rue des Écoles – 75005 Paris
librairie.internationale@harmattan.fr
01 40 46 79 11
www.librairieharmattan.com

Librairie l'Espace Harmattan
21 bis, rue des Écoles – 75005 Paris
librairie.espace@harmattan.fr
01 43 29 49 42

Lib. sciences humaines & histoire
21, rue des Écoles – 75005 Paris
librairie.sh@harmattan.fr
01 46 34 13 71
www.librairieharmattansh.com

Lib. Méditerranée & Moyen-Orient
7, rue des Carmes – 75005 Paris
librairie.mediterranee@harmattan.fr
01 43 29 71 15

Librairie Le Lucernaire
53, rue Notre-Dame-des-Champs – 75006 Paris
librairie@lucernaire.fr
01 42 22 67 13

www.ingramcontent.com/pod-product-compliance
Lightning Source LLC
LaVergne TN
LVHW011313061026
849535LV00005B/1535